Ulrich Nersinger

Dem Glauben auf der Spur

Auf Pilgerschaft
in der Ewigen Stadt

Ulrich Nersinger

Dem Glauben auf der Spur

Auf Pilgerschaft in der Ewigen Stadt

Verlag Petra Kehl
Künzell 2015

Rhönstraße 3, 36093 Künzell
Redaktion: Dr. Petra Kehl
Umschlaggestaltung: Ulrike Christ,
www.christ-communication.de

email: info@verlag-kehl.de
www.verlag-kehl.de

ISBN 978-3-930883-77-6

Inhalt

Geleitwort

Rom nimmt unter den großen Metropolen der Welt eine einzigartige Stellung ein. Keine andere Stadt besitzt eine so überwältigende Zahl von Heiligenstatuen und Madonnenbildern, keine verfügt über einen derart großen Reliquienschatz und keine weist so viele dem christlichen Gottesdienst geweihte Stätten auf.

Die Literatur, die diesen religiösen Reichtum aus der Sicht von Archäologen, Historikern und Kunstexperten sachkundig beschreibt, ist beachtlich und gibt jedem Interessierten erschöpfend Auskunft. Das vorliegende Buch kann und will sich an diesen Ausführungen und Werken nicht messen. Es möchte in bescheidenem Maße eine kleine Auswahl von kirchlichen Orten in der Ewigen Stadt vorstellen, Stätten der Glaubenserfahrung und Glaubensvermittlung. Es möchte dem Leser Orte nahe bringen, die auf die eine oder andere Weise das Evangelium, die Frohe Botschaft Jesu Christi, eindrucksvoll verlebendigt haben - und es noch immer tun.

Das Buch greift für seine Darstellungen auf historische Erkenntnisse, kirchliche Überlieferungen und altehrwürdige Legenden zurück. Es ergänzt sie durch die Eindrücke und Erfahrungen bekannter und weniger bekannter Personen der Geschichte. Es versucht aufzuzeigen, wie der Glaube durch die Jahrhunderte auch in unsere Zeit hineinwirken kann. Seine Lektüre ist nicht nur für jene gedacht, die eine Pilgerfahrt nach Rom unternehmen möchten, sondern auch für all jene, die aus den unterschiedlichsten Gründen die Ewige Stadt nicht aufsuchen können.

Im Heiligen Jahr der Barmherzigkeit, das von Papst Franziskus ausgerufen wurde und vom 8. Dezember 2015 bis zum 20. November 2016 dauert, soll es dem Leser eine Hilfe für die Feier dieses Glaubensfestes sein.

Als man den Ablass noch mit der Rute erteilte

Die Benediktionsloggia von Sankt Peter

Aus der Mitte der Fassade der vatikanischen Basilika heraus öffnet sich die *Loggia delle Benedizioni* zu den Gläubigen auf den Petersplatz hin. Von diesem Balkon erteilt der Papst an hohen kirchlichen Festtagen *urbi et orbi*, der Stadt und dem Erdkreis, den Apostolischen Segen.

Die Segensformel dürfte auf die Worte zurückgehen, mit denen der Papst im Mittelalter nach seiner Wahl die Insignien seiner Macht erhielt, „... auf dass Du vorstehest der Stadt und dem Erdkreis - *ut praesis urbi et orbi*". Schon in der vorchristlichen Antike hatte der Dichter Ovid ausgerufen: „Andere Völker haben ein Gebiet mit festen Grenzen; nur bei dem römischen deckt sich die Stadt mit dem Erdkreis".

Mit diesem feierlichen Segen des Bischofs von Rom und obersten Hirten der katholischen Kirche ist eine besondere Gunst verbunden, ein vollkommener Ablass, der die Tilgung zeitlicher Sündenstrafen in sich birgt. Den Gläubigen erläutert ein Kardinaldiakon, der zur Rechten des Papstes steht, die Bedingungen für die Erlangung des Ablasses und die Vergünstigungen, die sich aus dessen Erteilung ergeben.

In der heutigen Zeit kann sich der Kardinal über ein Mikrophon den Gläubigen verständlich machen. In vergangenen Tagen aber reichte auch eine kraftvolle Stimme kaum aus, um sich bei der Menge auf dem Petersplatz über einen längeren Zeitraum Gehör zu verschaffen. Darum trat der Purpurträger nach seiner Rede einen Schritt an die Brüstung der Loggia heran und ließ das Ablassdekret samt einer Hand voll Kopien vom Balkon herabfallen. Abschriften des Dekretes waren aber auch an den Pforten der Basilika und den Säulen des Kolonnadenumgangs angeschlagen. Niemand sollte von der *benevolentia Papae,* der Gunst des Papstes, ausgeschlossen bleiben.

Die Erteilung eines Ablasses wusste die Kirche schon immer anschaulich zu vermitteln. Noch bis in die zweite Hälfte des 20. Jahrhunderts hinein war vielen Bewohnern und Besuchern der Ewigen Stadt der Anblick der *bacchetta* vertraut. Mit diesem rutenähnlichen Stab gewährte der Kardinalgroßpönitentiar den Gläubigen an bestimmten Tagen in der Karwoche einen besonderen Ablass, den Nachlass zeitlicher Sündenstrafen auf hundert Tage. Die Zeremonie fand am Palmsonntag in der Lateranbasilika, am Mittwoch der Karwoche in Santa Maria Maggiore sowie am Gründonnerstag und am Karfreitag in Sankt Peter statt. Der Großpönitentiar nahm den Stab in die Hand und berührte mit ihm leicht die Häupter der vor ihm knienden Gläubigen. Der Ursprung dieser Geste weist in die Antike. Wollte im alten Rom jemand seinem Sklaven die Freiheit schenken, führte er ihn vor den Prätor, um die Urkunde der Freilassung ausstellen zu lassen. Bei der Übergabe derselben erteilte der Herr seinem Sklaven einen Schlag, den letzten, den er ihm geben durfte - als Zeichen der endgültigen Entlassung.

Unter „Ablass" wird der Nachlass zeitlicher Sündenstrafen nach der Vergebung der Sündenschuld, der Absolution, verstanden. Wurden durch ein Gebet oder eine fromme Verpflichtung einem Gläubigen hundert Tage Ablass gewährt, dann war darunter zu verstehen, dass man ihm die zeitliche Strafe, die der Sünder in früheren Zeiten durch die Übernahme einer Kirchenbuße von hundert Tagen ableisten musste, erließ. Die vor der Reformationszeit erwünschten Geldalmosen gaben Anlass zu Missverständnissen, die Rede vom „Ablasshandel" kam auf. Um die theologische Bedeutung des Ablasses besser zu verdeutlichen und Falschinterpretationen zu vermeiden, schuf schon das Konzil von Trient (1545-1563) diese Praxis wieder ab.

Am 1. Januar 1967 gab Papst Paul VI. (Giovanni Battista Montini, 1963-1978) dem Ablasswesen durch die Apostolische Konstitution *Indulgentiarum doctrina* eine neue Ordnung. Seit dieser päpstlichen Verfügung spricht man nur noch von einem Teilablass oder einem vollkommenen Ablass, je nachdem er von den zeitlichen Sündenstrafen teilweise oder ganz freimacht. Ablässe mit den früher üblichen Zeitangaben (40 Tage, 100 Tage usw.) werden nicht mehr erteilt; sie entsprechen nunmehr dem heutigen Teilablass. Die Verwaltung der Ablässe ist der Apostolischen Pönitentiarie (Bußgerichtshof) übertragen, die von dem schon erwähnten Kardinalgroßpönitentiar geleitet wird.

Zum besseren Verständnis der Ablasspraxis führt der „Katechismus der Katholischen Kirche" von 1983 aus: „Sündenvergebung und die Wiederherstellung der

Gemeinschaft mit Gott bringen den Erlass der ewigen Sündenstrafen mit sich. Zeitliche Sündenstrafen verbleiben jedoch. Der Christ soll sich bemühen, diese zeitlichen Sündenstrafen als eine Gnade anzunehmen, indem er Leiden und Prüfungen jeder Art geduldig erträgt und, wenn die Stunde da ist, den Tod ergeben auf sich nimmt" (nr. 1473). Mit einem (Teil-)Erlass der zeitlichen Sündenstrafen will die Kirche ihren Mitgliedern nicht nur „den Schatz der Verdienste Christi und der Heiligen" (nr. 1478) zuwenden, sondern sie auch zu Werken der Frömmigkeit, der Buße und der Nächstenliebe anregen.

„Da die verstorbenen Gläubigen, die sich auf dem Läuterungsweg befinden, ebenfalls Glieder dieser Gemeinschaft der Heiligen sind, können wir ihnen unter anderem dadurch zu Hilfe kommen, dass wir für sie Ablässe erlangen. Dadurch werden den Verstorbenen im Fegefeuer für ihre Sünden geschuldete zeitliche Strafen erlassen" gibt der Katechismus seinen Lesern zu bedenken (nr. 1479).

Sie durchbohrte die Seite des Herrn

Die Lanze des Longinus in Sankt Peter

Vier mächtige Pfeiler tragen die Kuppel von Sankt Peter, die majestätisch die Grabstätte des Apostelfürsten und den Papstaltar der Basilika überspannt. Urban VIII. (Maffeo Barberini, 1623-1644) bestimmte sie für die Aufbewahrung hochverehrter Reliquien der Christenheit. Die Pfeiler sind mit imposanten Balkonen versehen, von denen man den Gläubigen zu bestimmten Tagen des Kirchenjahres, vor allem in der vorösterlichen Bußzeit, den Reliquienschatz des Gotteshauses zeigte und noch immer zeigt. Der Pfeiler der heiligen Helena bewahrt einen Splitter des Kreuzes auf; die Mutter Kaiser Konstantins des Großen hatte bei einer Wallfahrt ins Heilige Land das Siegeszeichen Jesu Christi wiedergefunden. Im Pfeiler des heiligen Andreas befand sich früher der Schädel des Apostels; Papst Paul VI. (Giovanni Battista Montini, 1963-1978) hat das Haupt des Andreas 1964 der Kirche des Ostens zurückerstattet. Im Pfeiler der heiligen Veronika befindet sich ein Tuch, mit dem die mitleidige Frau der Legende nach das Gesicht des Herrn, als dieser den Weg nach Golgotha beschritt, abgetrocknet haben soll.

Der Pfeiler des heiligen Longinus birgt eine Lanze. Von ihr berichtet der heilige Johannes in seiner Niederschrift des Evangeliums: „Als sie aber zu Jesus kamen und sahen, dass er schon tot war, zerschlugen sie ihm die Beine nicht, sondern einer der Soldaten stieß mit der Lanze in seine Seite, und sogleich floss Blut und Wasser heraus" (Joh 19, 33-34). Wer sich fragt, wie diese Reliquie den Weg in die Peterskirche gefunden hat, erhält einen ersten Hinweis im südlichen Seitenschiff des Doms. Dort ist Innozenz VIII. (Giovanni Battista Cibo, 1484-1492) beigesetzt. Das Grabmal des Papstes ist das älteste in der Basilika. Es stand schon in Alt Sankt Peter und wurde als einziges in den Neubau des Gotteshauses übernommen. Antonio und Pietro Pollaiuolo haben dieses bedeutsame Kunstwerk der Renaissance geschaffen. Die rechte Hand des Cibo-Papstes ist zum Segen erhoben, in der linken hält er die Spitze der heiligen Lanze, mit der die Seite Christi durchbohrt wurde.

Sultan Mehmet II. hatte im Jahre 1453 Konstantinopel erobert und damit das Ende des byzantinischen Kaiserreiches besiegelt. Dem neuen Herrscher am Bosporus fiel mit der Stadt zugleich einer der größten Reliquienschätze der Christenheit in die Hände. Als Mehmet 1481 verstarb, kämpften seine Söhne Bajazet und Djem um das Erbe ihres Vaters. Bajazet gelang es, die meisten Wesire und vor allem die Janitscharen, die Elitetruppe des Sultans, auf seine Seite zu bringen. Nach schweren Niederlagen und zahlreichen Giftanschlägen auf seine Person blieb Djem nur die Flucht in den Westen. Sie führte ihn nach Rhodos, der Insel und dem Sitz des Johanniterordens. Djem drohte zum Spielball der europäischen Mächte zu werden, dann erhob der Papst Anspruch auf ihn.

Im März 1489 landete der Türkenprinz in der päpstlichen Hafenstadt Civitavecchia. Sein Geleit bestand aus zehn ranghohen Ordensrittern. Er wurde dem Kardinallegaten übergeben, den ihm der Papst eigens entgegengesandt hatte und mit dem er unter großer Feierlichkeit in Rom einzog. Einen Tag nach seinem Eintreffen in der Ewigen Stadt empfing ihn der Pontifex Maximus in offizieller Audienz. In Rom lebte Djem nun, je nach Blickwinkel, als Dauergast oder in einer Art ehrenvoller Geiselhaft. Der neue Sultan, Bajazet II., hatte keinerlei Interesse an einer Rückkehr seines Bruders, der ihm die Herrschaft hätte streitig machen können. Bereitwillig zahlte er eine hohe Summe an den Heiligen Stuhl, die dem standesgemäßen Unterhalt des Prinzen und dessen Verbleiben in Rom diente.

Gleichzeitig aber versprach Djem für den Fall, dass man ihn zum Thron verhelfe, die katholischen Mächte nicht mehr zu bekämpfen, die Verfolgung der Christen in seinem Reich einzustellen und überdies die Türken aus Europa zurückzuziehen und Konstantinopel der Christenheit wiederzugeben. Obwohl Djems Versprechungen eher illusorisch waren, versetzten sie Sultan Bajazet doch in Unruhe. Um eine drohende Gefahr abzuwenden und den Papst wohlwollend zu stimmen, in der Erwartung, dass der Pontifex seinen Bruder noch möglichst lange bei sich behalten werde, entschloss sich der osmanische Herrscher zu einem besonderen Geschenk. Er übersandte dem Papst durch eine Gesandtschaft hochgestellter Persönlichkeiten die in Konstantinopel verwahrte heilige Lanze. Am 30. Mai 1492 traf die Passionsreliquie unter großem Jubel in der Ewigen Stadt ein.

Die „Pilatusakten" des apokryphen Nikodemusevangeliums weisen dem römischen Soldaten, der mit einem Speer in die Seite Jesu stach, den Namen *„Longinus"* zu. Der Speer des Longinus wird durch den apokryphen Bericht aus dem vierten Jahrhundert zur *lancea sacra,* zur heiligen Lanze. Die Popularität der Pilatusakten trug zu einer weiten, stetig wachsenden Verbreitung der Verehrung der Longinuslanze bei. Die Reliquie erlangte höchstes Ansehen und nahm einen gewichtigen Platz in der Kultur- und Religionsgeschichte des Abendlandes ein. Im Hochmittelalter kam die Überzeugung auf, dass sie alle Machtansprüche ihres Besitzers legitimiere und ihrem Träger in der Schlacht Unbesiegbarkeit garantiere.

Wie bei vielen anderen Passionsreliquien so gibt es auch bei der heiligen Lanze nicht nur eine. Als berühmteste galt für lange Zeit diejenige, die noch heute in der Schatzkammer der Wiener Hofburg zu finden ist. Sie gehört zu den Reichskleinodien der römisch-deutschen Könige und Kaiser des Heiligen Römischen Reiches. Die Longinuslanze soll über den heiligen Mauritius, den Anführer der Thebäischen Legion, und Kaiser Konstantin den Großen ihren Weg in die Geschichte angetreten haben. In Etschmiadsin wird eine heilige Lanze verehrt, die der Apostel Thaddäus nach Armenien gebracht haben soll. Sie befand sich über Jahrhunderte im Besitz des Geghard-Klosters in der Nähe von Eriwan, bis sie dann an ihren heutigen Aufbewahrungsort gelangte. König Ludwig IX. von Frankreich (1214-1270) brachte von den Kreuzzügen, an denen er teilgenommen hatte, die Dornenkrone und einen Partikel der heiligen Lanze mit und ließ für die Reliquien in Paris die Sainte-Chapelle bauen. Bei dem Partikel handelte es sich um die abgebrochene Spitze der in Konstantinopel und später in der Peterskirche aufbewahrten Lanze; die Reliquie der Sainte-Chapelle ging während der Französischen Revolution verloren.

Fragen nach der Echtheit der in Sankt Peter verehrten Passionsreliquien begegnen die Römer mit dem ihnen eigenen Pragmatismus. Letztendlich ist ihnen das, was hinter diesen geistlichen Schätzen - die sie in ihrer Körperlichkeit schätzen, lieben und verehren - steht, wichtig. Und so ist für sie die in der Basilika verwahrte Lanze des Longinus eine Realität des Glaubens. In der Mitte des vergangenen Jahrhunderts galt es in Rom, über die Echtheit der Schädelreliquie eines Märtyrers zu entscheiden. Gleich zwei Gotteshäuser der Ewigen Stadt bestanden mit Vehemenz darauf, das wahre Haupt des Heiligen zu besitzen. Nach dem kirchlichen Urteilsspruch fragte man die unterlegene Partei, wie sie denn nun mit ihrer „Reliquie" umzugehen gedenke. „Ach, wir werden weniger und kleinere Kerzen vor ihr anzünden", lautete die Antwort.

Wenn der Berg zum Propheten kommt

Die Lourdesgrotte im Schatten von Sankt Peter

Leo XIII. (Gioacchino Pecci, 1878-1903) war der Papst, der seine ganze Amtszeit - ein viertel Jahrhundert - hinter den Mauern des Vatikans verbrachte. Als er dem seligen Pius IX. auf den Stuhl des heiligen Petrus folgte, waren es gerade acht Jahre her, dass piemontesische Truppen in Rom einmarschiert waren. Pius IX. hatte gegen die Einverleibung des Kirchenstaates in das Königreich Italien protestiert, sich dann in den Apostolischen Palast zurückgezogen und zum „Gefangenen des Vatikans" erklärt. Leo XIII. sah sich durch die politischen Umstände gezwungen, den Standpunkt seines Vorgängers beizubehalten. Die Vatikanischen Gärten boten dem Papst nunmehr die einzige Möglichkeit, sich im Freien zu bewegen, ohne sein „Gefängnis" verlassen zu müssen. Wann immer es der Terminkalender erlaubte, suchte der Papst die beschaulichen Gartenanlagen auf.

Die katholische Presse der damaligen Zeit informierte ihre Leserschaft ausführlich über die „Gefangenschaft" des Papstes - wen er in Audienz empfing, was ihm das tägliche Zeremoniell abforderte und wie er in den Vatikanischen Gärten Erholung fand. Mit den Worten „Bringen wir die katholische Welt in den Vatikan!" hatte der für den Wallfahrtsort Lourdes zuständige Bischof von Tarbes,

Monsignore François-Xavier Schoepfer, die Katholiken in aller Welt, insbesondere aber die Frankreichs, zu einer ungewöhnlichen Spendenaktion aufgerufen. Mit den eingenommenen Geldern wollte man Leo XIII. eine maßstabgerechte Nachbildung der Grotte von Lourdes zum Geschenk machen. Das Unterfangen gelang.

Alter und Krankheit des Papstes ließen die Arbeiten an der Gebetsstätte im Schatten von Sankt Peter schnell vorankommen, so dass der greise Pontifex noch eine provisorische Einweihung der Grotte vornehmen konnte. Der Feier am 1. Juni 1902 wohnte neben einer großen Schar von Kardinälen, Bischöfen,. Prälaten und Gläubigen auch der Botschafter Frankreichs bei. Die endgültige Weihe vollzog der heilige Pius X. (Giuseppe Sarto, 1903-1914) am 28. März 1905. Zwar waren erst drei Jahre seit der Übergabe der Grotte an Leo XIII. vergangen, aber die Beziehungen des offiziellen Frankreich zum Heiligen Stuhl hatten sich gewandelt; sie waren gänzlich zum Erliegen gekommen. Daher nahm diesmal kein Botschafter der Grande Nation an der Feier in den Vatikanischen Gärten teil.

Der Architekt der Apostolischen Paläste ließ es leider zu, dass man der Nachbildung der Grotte unnötige Anbauten beifügte - durch seitliche Aufgänge gelangte man zu einer Kopie der Kirche von Lourdes in verkleinertem Maßstab, die mit einem gotischen Turm aus Eisenbeton „geschmückt" war. „Von welcher Seite man auch die grüne Masse der Gärten betrachten mochte, diese Spitze guckte überall dreist hervor. An dem höchst klassischen Horizont von Rom, der von zweitausendjährigen Travertinbogen gekennzeichnet ist, wies sie immer wieder auf die kindliche Anmaßung derer hin, die sich anheischig machten, allen Stilarten mit oder ohne Eisenbeton wieder Leben einzuhauchen", notierte ein Journalist.

Papst Pius XI. (Achille Ratti, 1922-1939) sah sich der Wallfahrtsstätte in den französischen Pyrenäen sehr verbunden. Schon als Erzbischof von Mailand hatte er sich entsprechend geäußert: „Ehe ich in meine Diözese einzog, ging ich nach Rom, um den Segen des Heiligen Vaters und nach Lourdes um den Beistand der Unbefleckten Jungfrau zu erbitten". Wenn sich der Papst in die Vatikanischen Gärten begab, ärgerte er sich stets über die Anbauten der Grotte. Gegenüber Carlo Confalonieri, seinem Privatsekretär und geistlichem Kammerherrn, sprach er von einer „grauenhaften Monstrosität".

Deren beginnende Baufälligkeit und die anstehende Heiligsprechung der Seherin von Lourdes, Bernadette Soubirous, nahm Pius XI. 1933 zum Anlass, um 1933 den Abriss der misslungenen Konstruktion anzuordnen. Die damals noch verschonten Seitenrampen ließ dann der heilige Johannes XXIII. (Angelo Giuseppe Roncalli, 1958-1963) entfernen. Der Papst hatte nur wenige Monate vor seiner Wahl als Legat Pius' XII. die dem heiligen Pius X. geweihte unterirdische Basilika in Lourdes konsekriert. 1960 erhielt Johannes XXIII. von Monsignore Pierre-Marie Théas, dem Bischof des Wallfahrtsstätte, den Altar zum Geschenk, der über fünfzig Jahre zur Feier der heiligen Messe in der Erscheinungsgrotte gedient hatte.

Die Nachbildung der Grotte Unserer Lieben Frau von Lourdes lädt bis zum heutigen Tag die Besucher der Vatikanischen Gärten zum Gebet ein. In den Marienmonaten Mai und Oktober finden sich hier Gläubige zu Rosenkranzgebeten, Andachten und Messfeiern ein; nicht selten zieht dann eine abendliche Lichterprozession zu dem stillen Ort auf dem vatikanischen Hügel. Sogar ins Programm eines Staatsbesuchs wurde die Gebetsstätte aufgenommen.

Im Juni 2008 empfing Papst Benedikt XVI. (Joseph Ratzinger, 2005-2013) US-Präsident George W. Bush in Audienz. Der Heilige Vater wollte sich für die herzliche Aufnahme anlässlich seiner Pastoralvisite in den Vereinigten Staaten bedanken und gab dem Treffen einen ganz persönlichen Rahmen. Zum Abschluss des Besuches unternahmen Papst und Präsident einen kurzen Spaziergang durch die Vatikanischen Gärten. Bei der Grotte Unserer Lieben Frau von Lourdes angelangt, trugen ihnen dort die Sängerknaben der Sixitinischen Kapelle zwei Motteten vor.

Seit Leo XIII. pflegen die Päpste eine ganz besondere Beziehung zu ihrem „vatikanischen Lourdes" und suchen es regelmäßig auf. Sie nutzen es, um der Jungfrau Maria für deren Beistand zu danken und der Mutter der Kirche ihre Anliegen vorzutragen. Und es bindet sie auch an die Kirche vor Ort. Zu den 150-Jahr-Feiern der Marienerscheinungen in Lourdes hatte sich Benedikt XVI. im September 2008 nach Frankreich begeben. Zum Abschluss seines Besuches sicherte der Papst den französischen Katholiken zu: „Sooft ich vor der Nachbildung der Lourdesgrotte stehe, die sich seit über einem Jahrhundert in den Vatikanischen Gärten befindet, werde ich an euch denken".

Gesiegt hat der Löwe aus dem Stamm Juda

Der Obelisk des Vatikans als Siegeszeichen des Glaubens

Der römische Kaiser Caligula (37-41) besaß eine große Leidenschaft. Er liebte - wie ein Großteil seiner Untertanen - Spiele: Wagenrennen, die Tierhatz und den Kampf der Gladiatoren. Der Urenkel des Augustus hatte von seiner Mutter Agrippina im Westen der Stadt, *trans Tiberim,* auf der anderen Tiberseite, ein Landgut geerbt.

Dort, auf dem *Ager Vaticanus,* dem vatikanischen Feld, ließ Caligula einen privaten Circus anlegen. Für die Verschönerung des Circus scheute er keinerlei Mühen und Kosten. Aus Heliopolis in Ägypten orderte er einen mächtigen Obelisken, fünfundzwanzig Meter hoch und über dreihundert Tonnen schwer. Der Kaiser befahl, ihn in der Arena aufzustellen. Aber in seinem Circus Spiele zu erleben, war Caligula nicht mehr vergönnt. Noch vor der Fertigstellung der Wettkampfstätte fand der Imperator durch seine eigene Leibwache, die Prätorianergarde, den Tod.

Erst unter Nero, dem letzten Imperator aus dem julisch-claudischen Herrschergeschlecht, wurde der vatikanische Circus eröffnet. Der Kaiser selbst trat dort als Wagenlenker auf; mit einem Zehnspänner hatte Nero sogar einmal an den Olympischen Spielen teilgenommen. Im Juli des Jahres 64 vernichtete ein Großbrand weite Teile Roms. Der römische Geschichtsschreiber Tacitus teilt in seinen Annalen mit, dass in der Stadt das Gerücht nicht weichen wollte, es habe auf Befehl des Kaisers gebrannt, der sich ein neues Rom schaffen wollte:

„Um also dem Gerücht ein Ende zu machen, schob Nero andere als Schuldige vor und belegte sie mit den ausgesuchtesten Strafen: diejenigen nämlich, die bei der ungebildeten Menge, wiewohl ihrer Schandtaten verhasst, die Chrestiani hießen. Der Name leitet sich von Christus her, welcher unter Tiberius vom Prokurator Pontius Pilatus hingerichtet worden war; für den Augenblick unterdrückt, brach der verderbliche Aberglaube wieder aus, diesmal jedoch nicht nur in Judäa, von wo das Unheil ausgegangen, sondern auch in Rom, wo sich ja die Gräuel und Schandtaten aus aller Welt ein Stelldichein geben und begeisterten Anklang finden".

Tacitus berichtet weiter: „Man griff sie auf und überführte sie nicht so sehr der Brandstiftung, als dass man sie vielmehr aufgrund allgemeinen Menschenhasses als Verbrecher erwies. Dazu trieb man mit den Todgeweihten noch seinen Spott: in Tierfelle eingenäht, ließ man sie von Hunden zerfleischen; andere wurden an Kreuze geschlagen oder zum Feuertod bestimmt und nach Einbruch der Dunkelheit zur nächtlichen Illumination abgebrannt. Für dieses Schauspiel hatte Nero seine Gärten zur Verfügung gestellt". Mit den *horti Neronis*, den Gärten des Nero, ist der Circus und das an ihn angrenzende Gebiet auf dem *Ager Vaticanus* gemeint.

Der Überlieferung gemäß ließ dort auch der Fischer aus Galiläa, das Haupt des Apostelkollegiums, sein Leben. „*Pyramis Beati Petri* - Pyramide des seligen Petrus" nannten die Römer späterer Zeiten das Monument, das Zeuge des Martyriums des ersten Bischofs der Ewigen Stadt geworden war. Papst Sixtus' V. (Felice Peretti, 1585-1590) ging 1586 das ungeheure Wagnis ein, den gewaltigen Monolithen vor die Fassade der Vatikanischen Basilika als Siegeszeichen des christlichen Glaubens versetzen zu lassen. Als eine der Inschriften des mit einem Kreuz überhöhten Obelisken hatte der Pontifex vorgesehen: „*Ecce Crux Domini! Fugite Partes adversae! Vicit Leo de Tribu Juda* - Seht das Kreuz des Herrn! Flieht, ihr feindlichen Kräfte! Gesiegt hat der Löwe aus dem Stamm Juda."

Die Aufrichtung des Obelisken auf dem Petersplatz im September des Jahres 1586 glich einem Schauspiel von unglaublicher Dramatik. Der gewaltige Steinkoloß war auf Anweisung des Papstes von seiner ursprünglichen Stelle neben der Sakristei von Sankt Peter - dort, wo in der Antike der Circus des Nero lag - durch den Architekten Fontana auf den Petersplatz überführt worden. 900 Mann, 150 Pferde und an die 50 Winden wurden benötigt, um den aus Ägypten stammenden Obelisken auf dem Platz vor dem vatikanischen Gotteshaus aufzurichten.

Über die Vorkehrungen zu dem gewaltigen Unterfangen schrieb Domenico Fontana: „Da unendlich viel Volk zusammenlief, um ein so merkwürdiges Unternehmen anzusehen, wurden um Unordnung zu vermeiden, die Straßen abgesperrt, die über den Platz führten, und eine Bekanntmachung erlassen, dass an dem zur Hebung des Obelisken bestimmten Tage außer den Arbeitern niemand in die Schranken eintreten dürfe. Wer mit Gewalt eindränge, würde mit dem Tode bestraft. Ferner dürfe keiner die Arbeiter hindern, keiner dürfe sprechen, disputieren oder irgendeinen Lärm machen, bei schwerer Strafe, damit die prompte Ausführung der Befehle der Bediensteten nicht behindert werde. Zur sofortigen Vollstreckung dieser Verordnung wurde der Hauptmann der Sbirren [Polizeisoldaten] mit seinem Korps innerhalb der Umschließung aufgestellt, so dass, teils wegen der Neuheit der Arbeit, teils wegen der angedrohten Strafen, in der Volksmenge, welche zusammenlief, die größte Stille herrschte".

Für die Dauer der Arbeiten zur Aufrichtung des Obelisken sollte nichts anderes zu hören sein als der Trompetenstoß, der den Arbeitern an den Winden jedes Mal das Zeichen zum Beginn einer neuen Runde gab. Doch plötzlich unterbrach ein lauter Schrei im Dialekt Liguriens die Stille: „*Aigua ae corde* - Wasser auf die Seile!". Es war der Warnruf eines Seemanns aus Bordighera bei San Remo, der unter der Zuschauermenge stand. Er fürchtete, der schon nahezu aufgerichtete Obelisk könnte umstürzen, da es ihm vorkam, als drohten einige der infolge der Reibung an den Rollen stark erhitzten Seile zu reißen. In seiner Angst hatte er den Schrei nicht zurückhalten können.

Die Warnung wurde als richtig erkannt, so dass der Papst dem Rufer die angedrohte Strafe erließ und ihm sogar den Ehrentitel eines Kapitäns verlieh und das Recht zugestand, auf seinem Schiff die päpstliche Flagge zu führen. Zudem gewährte er ihm und seinen Angehörigen - der Familie Bresca - das Privileg, von nun an die Palmzweige für die päpstlichen Paläste zu liefern. Sogar der Transport der Palmen nach Rom wurde zu etwas Besonderem. Erreichte das Schiff mit seiner Fracht die Mündung des Tibers, wurde ein *parmurelo*, ein großer, kunstvoll geflochtener Palmzweig, an der Spitze des Hauptmastes, für jederman weithin sichtbar, angebracht. Er signalisierte allen Bootsführern, dass dem Schiff aus Bordighera absoluter Vorrang und ungehinderte Fahrt zu gewähren sei.

Die Bresca gehörten seit dem berühmten Vorfall auf dem Petersplatz zu dem erlesenen Kreis der Hoflieferanten des Papstes. Unter dem Eindruck der Reformwünsche, die auf dem Zweiten Vatikanischen Konzil (1962-1965) geäußert worden waren, benannte Paul VI. den Päpstlichen Hof in „Päpstliches Haus" um. Viele prestigeträchtige Titel wurden abgeschafft, so auch der eines „Päpstlichen Hoflieferanten". Das alte Vorrecht der Familie Bresca, für die Palmzweige am Beginn der Karwoche aufzukommen, war hinfällig geworden. Doch 2001 wurde die alte Tradition neu belebt, den Vatikan mit Palmen von der ligurischen Küste zu versorgen. Die Palmenstädte Bordighera und San Remo traten in die Fußstapfen der Bresca und liefern seitdem weit über 1000 Parmureli, die mit Sorgfalt und Hingebung geflochtenen Palmzweige aus Ligurien, alljährlich nach Rom.

Ende der Siebziger Jahre war es Brauch geworden, die Prozession, die zur Erinnerung an den Einzug Jesu in Jerusalem einlädt, auf dem Petersplatz, beim Standort des Obelisken, beginnen zu lassen. Dort erhalten seitdem Papst, Klerus und Gläubige die Palmzweige. 2006 rief Benedikt XVI. bei der Liturgie des Palmsonntags in Erinnerung: „Die Palmzweige sind Zeichen des Martyriums, der Hingabe an Gott und die Menschen. Mit ihnen jubeln wir jetzt Jesus, dem Messias, zu und bezeugen unsere Teilhabe am österlichen Geheimnis, das wir feiern."

Noch mehr aber als die Palmzweige bezeugt der seit zwei Jahrtausenden in Rom bei der vatikanischen Basilika stehende Obelisk das Eintreten für den Glauben an Jesus Christus. Er ist ein stummes und dennoch eindringliches Bekenntnis zu Gott, ein Mahnruf und Siegeszeichen durch alle Zeiten hindurch.

„Ich als Baum trage Lichter"

Das Osterlob in der Basilika Sankt Paul vor den Mauern

Die österliche Auferstehungsfeier beginnt mit der Weihe des Feuers, an dem die Osterkerze angezündet wird, deren Lob der Diakon in einem feierlichen Gesang vorträgt: „*Exsultet iam angelica turba caelorum* ... Frohlocket, all ihr seligen Chöre der Engel, frohlocket, ihr himmlischen Scharen, lasset die Posaune erschallen, preiset den Sieger, den erhabenen König. Lobsinge, du Erde, überstrahlt vom Glanz aus der Höhe! Licht des großen Königs umleuchtet dich. Siehe, geschwunden ist allerorten das Dunkel. Auch du freue dich, Mutter Kirche, umkleidet von Licht und herrlichem Glanze ...".

Die Osterkerze erinnert sinnbildlich an die Feuersäule, die in der Wüste vor den Israeliten einherzog, als sie sich aus der Sklaverei des Pharao befreit hatten und nach dem Gelobten Land zogen. Diese Säule ist Christus, der sein Volk, das durch die Taufe aus der Sklaverei des Bösen erlöst ist, in das wahre Land der Lebenden führt. Gemäß der Tradition und den liturgischen Vorschriften hat die Osterkerze von beträchtlicher Größe und reich geschmückt zu sein. Der Leuchter, der sie trägt, soll die Bedeutung dieses österlichen Symbols unterstreichen. Durch alle Zeiten hindurch wurden daher herausragende Osterleuchter geschaffen.

Der wohl eindrucksvollste und größte Osterleuchter der Ewigen Stadt ist in Sankt Paul vor den Mauern anzutreffen. An die sechs Meter hoch ist die um 1180 geschaffene Arbeit von Niccolò d'Angelo und Pietro Vassalletto - „*Ego Nicolaus de Angilo cum Petro Vassalletto hoc opus complevi*", bekräftigt eine in den Marmor geschlagene Inschrift. Als Papst Sixtus' V. (Felice Perretti, 1585-1590) bauliche Veränderungen in der Basilika vornahm, hielt man den Osterleuchter für ein minderwertiges Werk. Er wanderte auf den Friedhof neben der Basilika, wo ihm die Witterung beträchtlich zusetzte. Moos bedeckte den elfenbeinweißen Marmor, die Inschriften waren nicht mehr zu entziffern und viele Figuren bis zur Unkenntnis entstellt.

Erst zu Beginn des 19. Jahrhunderts wurde er an der Rückwand des Querschiffes zwischen den Altären des heiligen Benedikt und der Bekehrung Pauli aufgerichtet. Der Brand, der 1823 das Gotteshaus des Apostels größtenteils zerstörte, verschonte den Leuchter, der jedoch während des Wiederaufbaus jahrelang völlig unbeachtet in einem Flügel des Kreuzgangs der Abtei lag. Auch diesmal hielt man ihn für ungeeignet, in der Basilika Verwendung zu finden. Zunächst für das Museum des Lateran bestimmt, kehrte er dann jedoch wieder auf ausdrücklichen Wunsch der Päpste in die Kirche zurück, wo er von da ab der liturgischen Bestimmung diente, für die ihn Niccolò d'Angelo und Pietro Vassalletto geschaffen hatten: die Osterfreude zu verkünden.

Der quadratische Fuß des Osterleuchters weist merkwürdige Gestalten auf. Als man diese seltsamen Darstellungen schuf, hatte man vermutlich Motive aus dem Vorderen Orient im Sinn. Deutungen sehen in ihnen eine Welt, die in die Finsternis der Sünde, in die Abkehr von Gott, gesunken ist: „Gefallen, gefallen ist Babylon, die Große! Zur Wohnung von Dämonen ist sie geworden, zur Behausung aller unreinen Geister und zum Schlafwinkel aller unreinen und abscheulichen Vögel" (Offb 18, 2).

Der Leuchter selbst zeigt Szenen aus dem Osterfestkreis. In sechs Bildern sind Leiden, Auferstehung und Himmelfahrt des Herrn dargestellt. Die Auferstehungsszene - aus einem römischen Sarkophag, über den sich auf zierlichen Säulen ein Ciborium wölbt, steigt der triumphierende Christus, der Sieger über den Tod, empor - geht fast nahtlos in die Darstellung der Himmelfahrt über: Christus majestätisch in der Herrlichkeit Gottes thronend. Auf diese Bilder folgen Felder mit Tier- und Pflanzenornamenten. Fabelwesen bilden den Abschluss des Schaftes und tragen den Kerzenhalter - so, als solle dem Betrachter noch einmal vor Augen geführt werden, dass die Finsternis dem Licht des unwiderruflichen Sieges unterworfen ist.

Der Osterleuchter von Sankt Paul vor den Mauern zeigt sich als Baum, aus dem wie eine zarte Blüte die Kerze als Sinnbild Christi, entspringt. Die Inschrift am Fuße des Leuchters weist darauf hin: *„Arbor poma gerit, arbor ego lumina gesto, nuncio gaudia sed die festo. Surrexit Christus* - Der Baum trägt Früchte, ich als Baum trage Lichter. Ich verkünde Freude am Tage des Festes. Christ ist erstanden!". Der Baum hat im irdischen Paradies das Verderben, auf Golgotha aber die Erlösung und das Ewige Leben gebracht.

Im *Exsultet*, dem österlichen Lobpreis der Kirche, kann der Diakon daher voll Freude und Dankbarkeit singen: „O unfassbare Liebe des Vaters! Um den Knecht zu erlösen, gabst du den Sohn dahin. O wahrhaft heilbringende Sünde des Adam, du wurdest uns zum Segen, da Christi Tod dich vernichtet hat! O glückliche Schuld, welch großen Erlöser hast du gefunden!"

Wo im Sommer der Schnee vom Himmel fiel

In Santa Maria Maggiore die Wunder des Lebens feiern

Der Monat August lässt Rom, die ansonsten so lebhafte Stadt am Tiber, ein wenig zur Ruhe kommen. Der Papst urlaubt, die Behörden der Kurie arbeiten mit kleinstmöglicher Besetzung und ein Großteil der Römer ist in „*Ferragosto*"-Stimmung. Alt und jung erfreut sich an einem Aufenthalt am Meer oder erholsamen Tagen in den Albaner Bergen, mit viel Müßiggang und einem kühlen Glas Wein aus den Castelli Romani. Strenggenommen bezeichnet *ferragosto* als Urlaubsdatum nur den 15. August, aber in der Ewigen Stadt nimmt das niemand so ganz wörtlich. Die schon in der Antike üblichen *feriae Augusti* werden auf Tage, ja Wochen vor und nach der Mitte des Monats ausgedehnt. Die Ferienzeit und die sommerliche Hitze hindern die Römer jedoch nicht daran, am 5. August das Kirchweihfest von Santa Maria Maggiore feierlich zu begehen und sich sogar schon Tage zuvor in einem Triduum darauf vorzubereiten, mit festlichen Pontifikalämtern und abendlichen Rosenkranzandachten.

Die Entstehungsgeschichte der berühmten Marienbasilika Roms ist legendenumwoben. Der Überlieferung nach erschien in der Nacht vom 4. auf den 5. August des Jahres 358 die Gottesmutter Papst Liberius (352-366) im Traum. Die Mutter des Herrn bat um eine Basilika an dem Ort, an dem in der Nacht Schnee fallen werde. Auch der reiche römische Senator Johannes hatte diesen Traum. Beide begaben sich an dem Morgen des 5. August zu der Stelle, wo es tatsächlich auf wunderbare Weise geschneit hatte. Papst Liberius zeichnete den Grundriss für das künftige Gotteshaus in den frisch gefallenen Schnee, und der kinderlose Senator stiftete sein Vermögen für den Bau der Kirche. So soll *Sancta Maria ad nives*, die Basilika der „heiligen Maria beim Schnee", entstanden sein, aus der später Santa Maria Maggiore - Groß Sankt Marien - wurde.

Bei dem Pontifikalamt und der Zweiten Vesper des Kirchweihfestes wird den Gläubigen das Schneewunder alljährlich in Erinnerung gerufen. Vor den Augen staunender Zuschauer fallen dann weiße Jasminblüten und Rosenblätter von der vergoldeten Kassettendecke auf den Altar der Basilika herab. Für den Bischof, den man gebeten hat, bei den Feierlichkeiten in Santa Maria Maggiore zu predigen, besitzt der „Schneefall" in dem römischen Gotteshaus eine tiefere Bedeutung: „Der Schnee fällt vom Himmel auf die Erde, er ist vollkommen weiß. Weiß ist auch die Farbe der Muttergottes, die Farbe der Reinheit. Bei uns gibt es ein Sprichwort: ‚*Sotto la neve pane* - Unter dem Schnee finden wir das Brot'. Maria ist der lebendige Tabernakel für Jesus Christus gewesen, der sich uns in der Eucharistie schenkt".

In der Marienbasilika berührt noch eine weitere Legende das Leben der Gläubigen. Hier wird die Krippe des Jesuskindes aufbewahrt, die im 4. Jahrhundert aus Betlehem den Weg in die Ewige Stadt gefunden haben soll. In früheren Tagen zog der Papst am Weihnachtsfest nach

Santa Maria Maggiore, um dort das Messopfer darzubringen. Während des Gottesdienstes entnahm er mit eigener Hand der hochverehrten Reliquie winzige Holzsplitter. Diese ließ er in die *fasce benedette* einnähen. Die Fasce benedette waren „geweihte Windeln", die das Oberhaupt der Kirche den Erstgeborenen katholischer Herrscherhäuser übersenden ließ - sie sollten diese unter den Schutz Gottes stellen und für die Verteidigung und Verbreitung des katholischen Gaubens einnehmen.

Ein Kunstführer durch das Gotteshaus merkt an: „In der Kirche Santa Maria Maggiore gehen Wirklichkeit und Legende Hand in Hand, und zwar nicht, um die Geschichte über Gebühr zu strapazieren, sondern um der tiefen Zuneigung Ausdruck zu verleihen, die der Muttergottes zu allen Zeiten entgegengebracht worden ist." So erfreut sich auch ein kostbares Marienbildnis der Basilika, die Ikone „*Salus Populi Romani* - Heil des Römischen Volkes", großer Verehrung. Es gehört zu den sogenannten Lukasbildern, von denen man glaubte, sie seien durch den Apostel als Porträts der Muttergottes zu deren Lebzeiten gemalt worden. Befanden sich Rom und die Christenheit in großer Bedrängnis, trugen ihm die Päpste ihr Anliegen vor. Herrschten Pest oder Cholera, ließen sie das Bild durch die Straßen der Stadt tragen; 1571 betete Papst Pius V. (Michele Ghislieri, 1566-1572) vor der Ikone für den Sieg in der Schlacht von Lepanto.

Papst Franziskus ist ein eifriger Verehrer des „Heils des Römischen Volkes". Schon wenige Stunden nach seiner Wahl suchte er Santa Maria Maggiore mit einem Blumenstrauß auf; kein wichtiges Unternehmen, keine größere

Reise unternimmt er, ohne vorher vor der Ikone der Muttergottes niederzuknien. Im Mai des Jahres 2013 hatte sich der Papst mit vielen Gläubigen zum Rosenkranzgebet in Santa Maria Maggiore eingefunden: „Hier sind wir vor Maria. Wir haben unter ihrer mütterlichen Obhut gebetet, damit sie uns dazu führe, immer mehr mit ihrem Sohn Jesus vereint zu sein; wir haben ihr unsere Leiden, unsere Hoffnungen und unsere Schwierigkeiten gebracht; wir haben sie mit dem schönen Titel *Salus Populi Romani* angerufen und für uns alle, für Rom, für die Welt um die Gabe des Wohlergehens gebetet. Maria ist Mutter, und eine Mutter sorgt sich vor allem um das Wohlergehen ihrer Kinder, sie weiß sie immer mit großer und zärtlicher Liebe zu pflegen."

Schon das alte, heidnische Rom hatte es verstanden, das Religiöse im alltäglichen Leben präsent werden zu lassen, um es mit den Händen fassen zu können. Als die Ewige Stadt den christlichen Glauben annahm, änderte sich daran nichts. Die Gegenwart aber trachtet darnach, die Religion ins Private zu verbannen. Eine Stadt wie Rom wehrt sich dagegen. Mit Erfolg. Der Propst des Domkapitels von Santa Maria Maggiore wurde gefragt, ob denn der „Schneefall" weißer Jasminblüten und Rosenblätter, die Verehrung einer legendären Krippe und das Vertrauen auf ein wundertätiges Marienbildnis noch geeignete Medien moderner Evangelisierung seien. „Fromme Bräuche tragen die Religion genauso durch die Geschichte wie Liturgie und Katechese", gab er zur Antwort, „und manchmal sogar eindrucksvoller".

Zum Schatz geht's in den Untergrund

San Pietro in Carcere - das Gefängnis der Apostelfürsten

Zwischen dem Kapitolinischen Hügel und dem Forum erhebt sich auf einer kleinen Anhöhe die Kirche San Giuseppe dei Falegnami, ein dem heiligen Joseph, dem Nährvater Christi, geweihtes Gotteshaus. Es waren die *Falegnami,* die Schreiner und Zimmeleute der Ewigen Stadt, die im 16. Jahrhundert den Bau des Gotteshauses erwirkt hatten. An der Errichtung waren so berühmte Architekten wie Giacomo della Porta, Giovanni Battista Montano und Antonio del Grande beteiligt, und erlesene Kunstschätze schmücken es - doch sein bedeutendster Schatz liegt im „Untergrund".

Die Kirche ist errichtet an einer geschichtlichen Stätte, nämlich über dem antiken römischen Staatsgefängnis, dessen Ursprünge sich bis in ds 4. Jahrhundert vor Christus zurückverfolgen lassen, möglicherweise sogar bis in die römische Königszeit hinein. Der von außen sichtbare Teil des Gebäudes besitzt eine Fassade aus Travertin; eine Inschrift mit den Namen der Konsuln C. Vibius Rufinus und M. Cocceius Nerva verrät, dass sie in der Kaiserzeit, unter der Regierung des Tiberius, errichtet wurde. Eine Rampe mit Stufen führt auf die Höhe des antiken Niveaus. Der innere Teil des Gebäudes besteht aus zwei übereinander liegenden Komplexen; der obere trägt den

Namen *lautumiae* (Steinbrücher), weil er in die antiken Tuffsteinbrüche hineingehauen ist. An dieser Stelle befanden sich die Kerker für die weniger bedeutenden und nicht zum Tode verurteilten Gefangenen Roms, denen man sogar den Besuch von Angehörigen und Freunden gestattete. Vom Dichter Naevius (270-200 v. Chr.) wird berichtet, dass er hier zwei seiner Komödien geschrieben haben soll.

Im Fußboden des Hauptraumes der Lautumiae zeigt sich ein kreuzförmiges Loch, das in früheren Zeiten der einzige Zugang in den zweiten Komplex, in die darunter liegende Kerkeranlage, war. Der römische Geschichtsschreiber Sallust gibt eine beeindruckende Schilderung dieses Ortes: „Das Gefängnis besitzt einen *Tullianum* genannten Teil, auf der linken Seite etwa zwölf Fuß unter der Erde gelegen. Er ist ringsum mit dicken Wänden umgeben und mit einem steinernen Gewölbe überdeckt. In seiner Verwahrlosung, seiner Finsternis und seinem Gestank bietet er einen abstoßenden Anblick" (*Cat.* 55). Die Bezeichnung „Tullianum" geht vermutlich auf eine im Kerker vorhandene Wasserquelle (lateinisch *tullus*) zurück. Archäologen sind der Meinung, dass dieser älteste Teil des Gefängnisses vom römischen König Servius Tullius erbaut wurde; vielleicht daher auch dessen ungewöhnlicher Beiname. Eine schwere Eisentür in dser Wand gab einst den Zugang zu einem unterirdischen Gang frei, unter dem sich ein Kanal befand, der zur Cloaca Maxima führte. Der Abwasserkanal diente auch dazu, sich schnell und bequem der Leichen der zum Tode Verurteilten zu entledigen.

In dem düsteren Kerkerbau wurden die Staatsfeinde Roms - so der numidische König Jugurtha (104 v. Chr.), der gallische, von Cäsar bezwungene Stammesfürst Vercingetorix (46 v.Chr.) und Simon bar Gioras (71 n. Chr.), der Verteidiger Jerusalems - in Haft gehalten und hingerichtet. Jugurtha verschwand in der dunklen Öffnung des Tullianum mit den Worten: „Wie kalt sind doch eure Bäder, Römer!" Aber auch Bürger der Römischen Republik fanden hier den Tod, so die Anhänger des Volkstribunen Gaius Sempronius Gracchus und die Mitverschwörer des Catilina. Von den Letztgenannten, die von Cicero des Hochverrats überführt worden waren, berichtet Sallust: „Nachdem Lentulus in diesen Raum hinuntergelassen worden war, brachen ihm die Henker, wie befohlen, mit dem Strang das Genick. So fand jener Patrizier aus dem berühmten Geschlecht der Cornelier, der in Rom die Stellung des Konsuls innegehabt hatte, das Ende, das seinem Charakter und seinen Taten würdig war. An Cethegus, Statilius, Gabinius, Caeparius wurde auf gleiche Weise die Todesstrafe vollstreckt."

Der Überlieferung nach wurden die Apostel Petrus und Paulus in dem Kerker gefangen gehalten, bevor der eine im Circus des Nero das Martyrium erlitt, der andere vor den Toren Roms durch Enthauptung sein irdisches Leben verlor. Es wird berichtet, der heilige Petrus habe zuvor die beiden Kerkermeister Processus und Martinianus und viele seiner Mitgefangenen zum christlichen Glauben bekehrt und mit dem Wasser aus der Zisterne des Tullianums getauft. Nach ihrer Bekehrung verhalfen die Wächter - so erzählt es die *Passio Processi et Martiniani*

- dem heiligen Petrus zur Flucht. Als der Erste der Apostel die Stadt verlassen und schon gut eine Meile auf der Via Appia zurückgelegt hatte, erschien ihm der Herr. Petrus fragte ihn: „*Domine, quo vadis?* - Herr, wohin gehst Du?", und Christus gab zur Antwort: „*Venio Romam iterum crucifigi* - Ich gehe nach Rom, um erneut gekreuzigt zu werden". Petrus war erschüttert, kehrte um und gab im Circus des Nero auf dem vatikanischen Feld mit seinem Blut Zeugnis für den Herrn.

Später baute man das Tullianum im Gedenken an den ersten Bischof von Rom zu einer kleine Kapelle - San Pietro in carcere - um. Die Bezeichnung „*Carcer Mamertinus* - Mamertinischer Kerker" für diesen historisch bedeutsamen und den christlichen Glauben auszeichnenden Ort kam erst im Mittelalter auf.

Gott befreit - auf die eine oder andere Weise

San Pietro in Vincoli

Ein Besuch der Basilika San Pietro in Vincoli - Sankt Peter in Ketten - gehört zu dem Muss eines Romaufenthaltes. Wer sich von der Via Cavour aus auf den Weg zu diesem altehrwürdigen Gotteshaus macht, ist gezwungen, ungewöhnlich steile Treppen zu benutzen. Jedoch wird er für seinen mühseligen Aufstieg reichlich belohnt - wenn auch die schmucklose Fassade nichts Spektakuläres verheißt, und auch das Innere der Basilika zunächst einen Eindruck von Schlichtheit, ja Kargheit vermittelt. Doch man sollte sich einer solchen Täuschung nicht lange hingeben. Die Basilika beherbergt eine Fülle religiös und geschichtlich bedeutsamer Monumente.

Ein Mosaik aus dem 7. Jahrhundert verblüfft immer wieder die Pilgergruppen, die zu dem Gotteshaus finden. Es zeigt den heiligen Sebastian, der eines der zahlreichen Opfer der Christenverfolgung Kaiser Diokletians (284-312) war. Nein, dies könne unmöglich der Heilige sein, tönt es aus den Reihen der Besucher. Den heiligen Sebastian kenne man von Abbildungen, aus Kunstbänden. Jung und schön sei er gewesen. Das Mosaik aber zeige den frühchristlichen Blutzeugen als einen Offizier reifen Alters mit grauem Haar und Bart, einen Militärmantel um die Schulter, in der linken Hand eine edelsteingeschmückte Krone haltend, den symbolischen Lohn seines Martyriums. Es hilft dann nur wenig, wenn der Touristenführer darauf hinweist, dass ein Tribun der kaiserlichen Prätorianergarde kein Jüngling gewesen sein könne und das Bild in der Kirche eine *vera icona* sei, einer wahrheitgemäßen Darstellung des Heiligen näher komme als dessen Idealisierung und „Verschönerung" in späteren Jahrhunderten.

In San Pietro in Vincoli befindet sich auch ein grandioses Meisterwerk Michelangelo Buonarrotis: das berühmte, unvollendete Grabmal für Papst Julius II. (Giuliano della Rovere, 1503-1513). Im oberen Teil des rechten Seitenschiffes ist das zu bestaunen, was von der ursprünglich mit weit über vierzig großen Figuren geplanten Grabstätte ausgeführt wurde. Die grandiose Gestalt des Mose gehört zu den wichtigsten Werken des Renaissancekünstlers. Der Führer des israelitischen Volkes ist einem Titanen der griechischen Antike gleich dargestellt. Michelangelo war von der lebendigen Größe seines Werkes selbst so betroffen, dass er ihm einen Schlag mit dem Hammer versetzt und ausgerufen haben soll: „So sprich doch!". Und besonders Neugierige entdecken somit wirklich am rechten Knie die Spur des Schlages, der die Überlieferung zu bestätigen scheint. Auch wenn so mancher Pilgerführer bei seinen Zuhörern den Eindruck erweckt, als sei der Papst an dieser Stelle beigesetzt - Julius II. fand seine letzte Ruhestätte in Sankt Peter.

Die meisten Pilger, die das berühmte Gotteshaus aufsuchen, lenken aber ihre Schritte eher zum Inneren der Basilika; hier bei der Confessio, unter dem Hauptaltar, werden in einem gläsernen Schrein die Ketten des heiligen Petrus aufbewahrt. Der Legende nach hatte Kaiserin Eudoxia, die Gemahlin des oströmischen Kaisers Theodosius II. (408-450), die Ketten, mit denen der heilige Petrus in Jerusalem einst gefesselt worden war, vom dortigen Patriarchen als Geschenk erhalten. Von diesen Ketten berichtet der heilige Lukas in der Apostelgeschichte (12, 6-7): „In der Nacht, ehe Herodes ihn vorführen lassen wollte, schlief Petrus, mit zwei Ketten gefesselt, zwischen zwei Soldaten; vor der Tür aber bewachten Posten den Kerker. Plötzlich trat ein Engel des Herrn ein, und ein helles Licht strahlte in den Raum. Er stieß Petrus in die Seite, weckte ihn und sagte: Schnell, steh auf! Da fielen die Ketten von seinen Händen".

Der eine Teil der Ketten verblieb in Konstantinopel, den anderen ließ die Kaiserin ihrer Tochter (auch sie trug den Namen Eudoxia) zukommen. Die Tochter war mit dem weströmischen Kaiser Valentinian III. (425-455) verheiratet. Eudoxia überreichte die von ihrer Mutter übersandte Kette Papst Leo I. (440-461). In Rom wurde zu dieser Zeit bereits eine Kette des heiligen Petrus verehrt. Es handelt sich um jene, die aus dem Mamertinischen Kerker stammen soll, in dem der Apostelfürst vor seiner Hinrichtung gefangen gehalten worden war. Als der Papst die beiden Ketten aufeinander legte, verbanden sie sich auf wundersame Weise miteinander. Seitdem werden sie in der Basilika von den Gläubigen verehrt; die Ketten sollten dem Gotteshaus auch seinen heutigen Namen geben.

Die Basilika - die Ursprünge lassen sich bis in das 3. Jahrhundert zurückverfolgen - war bis dahin in den alten Verzeichnissen als *„Ecclesia Apostolorum"* (Apostelkirche) aufgeführt worden. Vermutlich wurde sie im Jahre 410, als die Goten unter ihrem Führer Alarich in die Ewige Stadt einfielen, zerstört. Den Neubau der Basilika weihte Papst Sixtus III. (432-440) ein. Als Stifter der Kirche traten aufgrund eines Gelöbnisses Kaiser Theodosius II. und seine Gemahlin Eudoxia auf. Da Kaiserin Eudoxia als Mitstifterin und stellvertretend für ihren Gemahl bei der Weihe des neuen Gotteshauses anwesend war, wurde die Kirche auch als „*Basilica Eudoxiana*" bekannt.

Hinter dem Kettenaltar befindet sich der Zugang zu einem weiteren bedeutenden Reliquienschrein. An dieser Stelle hatte man im 19. Jahrhundert mit der Errichtung der Confessio begonnen, die an den 50. Jahrestag der Bischofsweihe des seligen Pius' IX. (Giovanni Maria Mastai Ferretti, 1846-1878), die 1826 in San Pietro in Vincoli stattgefunden hatte, erinnern sollte. Bei den Bauarbeiten kam ein aus dem 4. Jahrhundert stammender Sarkophag zum Vorschein, den Papst Pelagius I. (556-561) dort hatte aufstellen lassen. Die Erinnerung an ihn war jedoch im Laufe der Zeit verlorengegangen. Der Sarkophag birgt sieben Fächer; im ersten lag eine Bleitafel, aus der man ersah, dass sich hier der Aufbewahrungsort für die Asche der sieben Makkabäischen Brüder befand.

Im 2. Buch der Makkabäer, Kapitel 7, Verse 1-42, wird geschildert, wie die sieben Brüder gemeinsam mit ihrer Mutter der Aufforderung des Königs Antiochus Epiphanes widerstanden, entgegen dem göttlichen Gesetz Schweinefleisch zu essen. Zur Strafe wurden sie auf die denkbar grausamste Art gefoltert und zu Tode gebracht: „Du nimmst uns dieses Leben; aber der König der Welt wird uns zu einem neuen, ewigen Leben auferwecken, weil wir für seine Gebote gestorben sind." Diese heroischen Gestalten des Alten Testamentes werden von der Kirche als Heilige betrachtet. Besonders in Frankreich und Deutschland kam eine große Verehrung für sie auf.

Die Reliquien der Makkabäischen Brüder befinden sich heute nicht mehr in der römischen Basilika. Aber die Bedeutung des Schreins ist deswegen nicht geringer geworden. Sie zeigt sich im Zusammenklang mit der Statue des Mose, den Ketten des heiligen Petrus und dem Bildnis des heiligen Sebastian. Für den Rektor der Basilika, einem Mitglied des Ordens der Augustiner Chorherren, steht fest: „San Pietro in Vincoli ist eine Stätte, die Alten und Neuen Bund einander begegnen lässt, ein Ort, der ins Bewusstsein ruft, dass das Einstehen für den Glauben immer zur Geschichte des Gottesvolkes gehörte und gehört, den ganzen Menschen fordert, bis hin zum Martyrium. Und das Gott uns befreit - auf die eine oder andere Weise."

Wo der heilige Paulus zur Miete wohnte

San Paolo alla Regola

Die Apostelgeschichte endet mit dem Bericht von der Ankunft und dem Wirken des Völkerapostels in Rom (Apg 28, 11-31). In Pozzuoli bei Neapel hatte Paulus mit seinen Gefährten den Boden Italiens betreten und sich zur Ewigen Stadt begeben: „Von dort waren uns die Brüder, die von uns gehört hatten, bis Forum Appii und Tres Tabernae entgegengereist. Als Paulus sie sah, dankte er Gott und fasste Mut. Nach unserer Ankunft in Rom erhielt Paulus die Erlaubnis, für sich allein zu wohnen, zusammen mit dem Soldaten, der ihn bewachte."

In den beiden letzten Versen der neutestamentlichen Schrift heißt es: „Er blieb zwei volle Jahre in seiner Mietwohnung und empfing alle, die zu ihm kamen. Er verkündete das Reich Gottes und trug ungehindert und mit allem Freimut die Lehre über Jesus Christus, den Herrn, vor". Eine fromme Überlieferung sieht den Ort, an dem der heilige Paulus seine Wohnung hatte, an genau der Stelle gelegen, wo sich heute die Kirche San Paolo alla Regola befindet.

Die Tradition verknüpft das Gebiet *ad arenulam* (Regola) mit dem ursprünglichen Beruf des heiligen Paulus. In der Gegend, in der auch die Mitglieder der jüdischen Gemeinde lebten, übten die Zeltmacher ihr Gewerbe aus.

Dort gab es einen sandigen Uferstreifen - der Name *arenula* hängt wohl mit dem Wort *arena* (Sand) zusammen - , wo seit Jahrhunderten Felle gegerbt wurden. In seiner Heimatstadt Tarsus in Cilicien war Paulus als Zeltmacher tätig gewesen.

Ein Märtyrerbericht aus dem zweiten Jahrhundert erwähnt bei der Wohnung des Apostels ein *horreum* (Scheune), wo *Hospitium et Schola Pauli* (Hospiz und Schule des Paulus) untergebracht waren. Die *Acta Pauli* berichten, dass in der „Schule" der heilige Paulus im Geheimen die ersten Christen der Ewigen Stadt über das Leben, das Wirken und die Lehre des Herrn unterrichtete. Schon die Apostelgeschichte wusste zu berichten: „Vom Morgen bis in den Abend hinein erklärte und bezeugte er ihnen das Reich Gottes" (Apg 28,33).

Eine erste größere Kirche *ad arenulam* wurde im vierten Jahrhundert unter Papst Silvester I. (314-335) errichtet. Den Bau des heutigen Gotteshauses begann man in der ersten Hälfte des 17. Jahrhunderts und beendete ihn mit der Fertigstellung der Fassade im Jahre 1721. In der Apsis der Kirche, die den Grundriss eines lateinischen Kreuzes aufweist, zeigen drei große Freskogemälde von Luigi Garzi die Bekehrung des Paulus, die Predigt des Apostels und die Enthauptung des Heiligen in Rom. Die Seelsorge in der Kirche ist den Terziaren des Franziskanerordens anvertraut.

Ein wenig geriet die Kirche im Laufe der Zeit in Vergessenheit, doch sie blieb immer eine Stätte der Verkündigung des Glaubens. Anfang der Neunziger Jahre des vergangenen Jahrhunderts zeigten sich an dem Gotteshaus schwere Bauschäden. 1994 begannen sich Teile der Deckenverkleidung zu lösen. Der Rektor der Basilika sah sich gezwungen, das Kircheninnere für die Gemeinde und die Öffentlichkeit sperren zu lassen. Die Gefahr, dass jemand zu Schaden kam, war zu groß geworden. Mehr als zehn Jahre blieb San Paolo alla Regola geschlossen; über eine Million Euro verschlang die aufwändige Restaurierung.

Doch das Geld war gut angelegt. Papst Benedikt XVI. kündigte 2007 ein „Paulus-Jahr" an, das dem Gedenken an die Geburt des Völkerapostels vor zweitausend Jahren gewidmet sein sollte. Am 28. Juni 2008, dem Vorabend des Hochfestes der Apostelfürsten Petrus und Paulus, wurde es vom Papst gemeinsam mit dem Patriarchen von Konstantinopel feierlich eröffnet. Seitdem und über das Paulusjahr hinaus finden wieder viele Pilger den Weg nach *San Paolino*, zum „kleinen Sankt Paul", wie die Römer die Kirche zur Unterscheidung von der großen Paulusbasilika an der Via Ostiense nennen.

In San Paolo alla Regola werden die Besucher zum Paulus-Oratorium geführt. Das Oratorium liegt etwas tiefer als der Boden der Kirche. Über den Türen, die in die Kapelle führen, liest man in lateinischen Majuskeln die Inschrift: *Divi Pauli Apostoli Hospitium et Schola*. Pilger und Touristen stehen dann an einem Ort, der seit frühester Zeit und unterbrochen an den Aufenthalt des Apostels erinnert - und dazu mahnt, die Frohe Botschaft allen Menschen zu verkünden.

Hingerichtet bei den Wassern des Lebens

San Paolo alle Tre Fontane

Im Südosten von Rom liegt vor der antiken Stadtgrenze - „*tertio miliario ab Urbe* - bei der dritten Meile", wie es in einem frühen lateinischen Text heißt - die Abtei Tre Fontane, eine Niederlassung von Zisterziensermönchen der strengen Observanz, der Trappisten. Der vom pulsierenden Leben der Ewigen Stadt auch heute noch abgeschiedene Ort ist seit alters her eine Stätte, zu der gläubige Christen in frommer Andacht pilgern. Hier, ein wenig abseits von der Via Laurentina, in einer Talsenke, ist der Völkerapostel Paulus vor fast zweitausend Jahren für seinen Glauben und seine Liebe zu Christus eingestanden. An einem Meilenstein, der sich dort befindet, eben jenem, der die dritte Meile bezeichnet, erlitt der hl. Paulus unter Kaiser Nero (54 - 68 nach Chr.) den Märtyrertod.

Schon im ersten Klemensbrief, der um das Jahr 96 entstand, wird das Martyrium, das die Apostelfürsten Petrus und Paulus in der Hauptstadt des Römischen Reiches erlitten, als bekannt vorausgesetzt: „Wegen Eifersucht und Neid sind die größten und gerechtesten Säulen verfolgt worden und haben bis zum Tod gekämpft". Gegen Ende des 2. Jahrhunderts berichtet der römische Priester Gaius: „Ich kann Dir die siegreichen Grabstätten der Apostel zeigen. Denn wenn Du zum Vatikanhügel oder zur Via Ostia gehst, wirst du die Trophäen derer finden, die diese Kirche gründeten". Eusebius von Cäsarea bekräftigt zu Beginn des 4. Jahrhunderts in seiner Kirchengeschichte: „Es ist aufgezeichnet, dass Paulus in Rom enthauptet und Petrus unter Nero gekreuzigt wurde". Ausgrabungen bei Tre Fontane brachten Münzen zu Tage, die das Abbild des letzten Kaisers aus dem julisch-claudischen Herrschergeschlecht zeigen.

Nach seiner Bekehrung zum Christentum hatte Paulus im Mittelmeerraum das Evangelium verkündet. Bei einem Tumult auf dem Jerusalemer Tempelberg im Jahre 57 war der Apostel in Haft geraten, appellierte dann als römischer Bürger an den Kaiser und trat zwei Jahre später von Cäsarea aus über Kreta, Malta und Sizilien die Reise in die Ewige Stadt an. In Rom stand Paulus zwar unter Hausarrest, durfte aber weiterhin missionarisch wirken. Nach zwei Jahren auf freien Fuß gesetzt, konnte er Reisen nach Griechenland und Vorderasien unternehmen. In der neronianischen Christenverfolgung wurde er erneut verhaftet, in den Kerker geworfen und zum Tode verurteilt.

Da Paulus das römische Bürgerrecht besaß, hatte seine Hinrichtung durch das Schwert zu erfolgen, ohne eine gaffende Menschenmenge und außerhalb der Stadtmauern. Gemäß der Überlieferung soll das Haupt des Heiligen dreimal auf dem Boden aufgeschlagen sein; an den betreffenden Stellen entsprangen drei Quellen, *tres fontes* (ital. *tre fontane*). Der Ort wurde von den Römern auch *„ad aquas salvias* - zu den Wassern des Lebens" genannt. Für die Mitglieder der christlichen Gemeinde war mit dem Martyrium kein Schlusspunkt des Lebens gesetzt. Im

Gegenteil, der Todestag eines Blutzeugen wurde als dessen *dies natalis* (Geburtstag) gefeiert. Tre Fontane - drei Quellen - geben daher ein sehr anschauliches Bild dieser Überzeugung und Einstellung wieder.

Bereits sehr früh baute man an der Hinrichtungsstätte eine Kapelle. Im 7. Jahrhundert ließ Papst Honorius I. neben ihr ein Kloster erbauen, in dem Mönche aus Zilizien, der Heimat des heiligen Paulus, Wohnung nahmen, um ein Leben zum Lobe Gottes zu führen. Im 11. Jahrhundert wurde die Abtei den Benediktinern übergeben und 1140 den Zisterziensern, die dort blieben, bis der selige Pius IX. (Giovanni Maria Mastai Ferretti, 1846-1878) das Kloster dem Trappistenorden anvertraute. Im Laufe der Jahrhunderte begann die Kapelle, die die Erinnerung an das Martyrium wach hielt, immer mehr zu zerfallen. 1599 befahl Kardinal Pietro Aldobrandini, der Schutzherr der Abtei von Tre Fontane, ihren Abbruch und verfügte, an derselben Stelle eine kleine Kirche zu Ehren des Apostels zu errichten.

Die Entwürfe zu dem Neubau stammen von keinem Geringeren als Giacomo della Porta, einem Schüler Michelangelos und Miterbauer der Petersbasilika. Um eine würdige *memoria* (Gedächtnisstätte) habe ihn der Kardinal gebeten, vermerkte der Architekt in seinen Aufzeichnungen. Die berühmten drei Quellen befinden sich seitdem in gleichen Abständen an der Längswand des Kirchenschiffes, sie sind in mit prachtvollem Marmor ausgekleideten Nischen untergebracht. Bis zum Heiligen Jahr 1950 standen sie offen, dann wurden sie verschlossen. Bei der ersten Quelle ist eine durch ein Eisengitter geschützte kleine Säule zu sehen; sie soll der Meilenstein sein, an dem der Apostel hingerichtet wurde. Eine Reihe von Darstellungen aus dem Leben des heiligen Paulus schmückt das barocke Gotteshaus. Den Fußboden ziert ein kostbares, zweitausend Jahre altes Mosaik, das die vier Jahreszeiten zeigt; es wurde bei Ausgrabungen in Ostia Antica gefunden und auf Wunsch Pius' IX. in die Kirche übertragen.

Der Besuch von Tre Fontane galt in früheren Zeiten als nicht ganz ungefährlich, denn das Umland war ein gefürchtetes Sumpfgebiet. Den einzigen Schutz gegen die Malaria bot damals die Anpflanzung von Oleander und Eukalyptus. Noch heute säumen diese Pflanzen den Weg zu der Kirche. Erst in den Zwanziger Jahren des vergangenen Jahrhunderts wurde das Land endgültig trockengelegt. Trotz der unsicheren Lage vor den Toren der Stadt und der Gefahr, an der Malaria zu erkranken, zog es viele Pilger nach Tre Fontane, unbekannte und berühmte. Karl der Große betete zu Weihnachten 800 in der Pauluskapelle. Der heilige Bernhard feierte dort im Jahr 1138 die Messe und hatte dabei die Vision einer Leiter, die bis zum Himmel reichte. Der heilige Philipp Neri kam 1556, um zu beten und seinen Beichtvater, einen der Mönche, um Rat zu fragen, ob er als Missionar nach Indien gehen solle oder nicht. Der Mönch sagte zu ihm: „Geh nicht, Philipp, dein Indien liegt in Rom".

In einem Brief bemerkte Philipp Neri: „Manch einer rät ab, nach Tre Fontane zu pilgern. Es heißt, viele seien dort vom Fieber befallen und hinweggerafft worden". Dennoch stand für den neuzeitlichen Apostel Roms fest: „Aber was sollen wir so kleinliche Bedenken hegen, wenn wir auf die Mühen schauen, die der heilige Paulus bei seinen Reisen auf sich genommen hat". Das Eintreten für das Evangelium ist nie einfach gewesen. Die Verkündigung des Glaubens erfordert Anstrengungen - Anstrengungen, die von einem Christen viel, manchmal sogar alles fordern können.

Vor der Kirche, die zu Ehren des Apostels errichtet wurde, ist ein Stück des antiken Steinpflasters freigelegt worden. Der dunkle Basalt dürfte zu den letzten Metern gehört haben, über die Paulus zu seinen Lebzeiten gegangen ist. Wer über diese Steine zur Hinrichtungsstätte des Apostels geht, wird aufrührend und tröstend zugleich an die Worte erinnert, die Paulus an seinen Schüler Timotheus schrieb: „Ich werde nunmehr geopfert, und die Zeit meines Aufbruchs ist nahe. Ich habe den guten Kampf gekämpft, den Lauf vollendet, die Treue gehalten. Schon jetzt liegt für mich der Kranz der Gerechtigkeit bereit, den mir der Herr, der gerechte Richter, an jenem Tag geben wird, aber nicht nur mir, sondern allen, die sehnsüchtig auf sein Erscheinen warten" (2 Tim 4, 6-8).

Wo die Unterlegenen triumphierten

Das Kolosseum

Es ist eines der Wahrzeichen der Stadt Rom - das Kolosseum. Der Dichter Marcus Valerius Martialis (40-104 n. Chr.) vergleicht es in seiner Schrift *De spectaculis* (Über die Schauspiele) mit den Weltwundern der Antike. Auch wenn man nicht allzu viel über das Martyrium von Christen in diesem Amphitheater weiß, so ist es doch seit langem ein Gedenkort für die Blutzeugen, die dort für ihren Glauben eintraten.

Das gewaltige Monument, das beim Domus Aurea, dem „Goldenen Haus" Neros, seinen Standort hat, fordert auch heute noch seinem Betrachter Staunen und Respekt ab. Nach Neros Tod und dem Vierkaiserjahr (68-69 n. Chr.) führte Vespasian viele Privatgüter des letzten Imperators aus dem julisch-claudischen Geschlecht wieder in öffentlichen Besitz über. Der große künstliche See beim „Goldenen Haus" wurde trockengelegt - und im Jahre 72 begann man an dieser Stelle mit den Arbeiten für das Amphitheater. Im Mai des Jahres 80 fand unter Kaiser Titus die Eröffnung des *Amphitheatrum Flavium* mit hundert Tage dauernden Spielen statt. Endgültig fertiggestellt wurde es jedoch erst unter Kaiser Domitian (81-96).

Mit der Christianisierung des Römischen Imperiums kündigte sich auch langsam ein Ende der Gladiatorenkämpfe und Tierhatzen an. Kaiser Konstantin verbot 326 die *damnatio ad bestias* (die Ausführung eines Todesurteils durch Tiere in der Arena). Und Theodosius der Große untersagte erstmals 380 die *ludi gladiatorii,* die Gladiatorenkämpfe. Dass die entsprechenden Dekrete nicht eingehalten wurden, zeigt eine Verordnung Kaiser Theodoros' aus dem Jahre 399, worin er vehement die Schließung der Gladiatorenschulen befahl. Kaiser Honorius erklärte Anfang des 5. Jahrhunderts das offizielle Ende der blutigen Schauspiele. Doch der Widerstand des Volkes gegen diese kaiserlichen Entscheide blieb beträchtlich.

Noch über hundert Jahre standen das Kolosseum und viele andere Amphitheater entgegen offizieller kaiserlicher Weisung in Gebrauch. Im Jahre 404 sprang der Mönch Telemachus in die Arena des Kolosseums, um gegen das grausame Treiben zu protestieren. Der Gottesmann erhob seine Stimme und forderte dazu auf, von dem frevlerischen Tun abzulassen. Das Volk geriet bei seinen Worten in Wut und steinigte ihn. 483 berichtete der Kirchenvater Augustinus nach einem Besuch der Ewigen Stadt und des Amphitheaters, er habe noch immer die Schreie der Menschen im Ohr, die „Tötet ihn, tötet ihn" riefen. Im Jahre 523 fanden im Kolosseum zum letzten Mal Kämpfe statt. Anlass dieser letzten Spiele war der Amtsantritt des Konsuls Maximus gewesen, der dafür eigens die Erlaubnis des in Ravenna residierenden Gotenkönigs Theoderich des Großen (Dietrich von Bern) eingeholt hatte. 536 verbot König Totila für sein ganzes Reich (Italien) endgültig die Tierhatzen.

Das einstige Prunkstück kaiserlicher Machtentfaltung

musste, nachdem es für den ursprünglichen Zweck nicht mehr zur Verfügung stand, seinen Tribut an die Zeit zahlen. Es verkam zur Ruine. Große Erdbeben - wie jene der Jahre 847 und 1231 - begünstigten diese Entwicklung. 1244 wurden in den Arkaden Wohnungen und Werkstätten eingerichtet. Doch schon im Jahre 1300 wurden diese durch ein erneutes schweres Erdbeben völlig zerstört. Während des ganzen Mittelalters nutzten die Baumeister Roms die Ruinen der antiken Monumente als Steinbrüche. Auch dem Kolosseum blieb dieses Schicksal nicht erspart. Im Pontifikat Nikolaus' V. (Tommaso Parentucelli, 1447-1455) sollen an die 2.500 Wagenladungen Steine von dort in den Vatikan gebracht worden sein. 1675 wurden im Amphitheater Lagerräume für eine Pulverfabrik untergebracht. Als achtundzwanzig Jahre später wiederum ein Erdbeben große Teile des ersten und zweiten Stockwerks einstürzen ließ, nutzte man das Material für die Errichtung des Porto di Ripetta, des römischen Stadthafens.

Wenn auch die Päpste die gewaltige Ruine in der Vergangenheit für den Bau von Kirchen und Palästen in Anspruch genommen hatten, so war es doch letztlich ihnen zu verdanken, dass einer völligen Zerstörung des Kolosseums Einhalt geboten wurde. Denn es kam der Zeitpunkt, an dem dieser Ort als bedeutende Stätte des christlichen Martyriums angesehen wurde. Über die Zahl der dort ermordeten Gläubigen lassen sich keine gesicherten Erkenntnisse aufstellen. Dass Tötungen von Christen im Kolosseum stattfanden, ist heute unbestritten. Die *damnatio ad bestias*, die gegenüber Angehörigen der für die Römer so neuen und suspekten Religion ausgesprochen wurde, ist von den Quellen her eindeutig belegt. Aus der Apologie des Tertullian kennen wir den Ausspruch „*Christiani ad leones* - Die Christen dem Löwen zum Fraß!".

Zu Beginn des 18. Jahrhunderts war der Gedanke aufgetaucht, Carlo Fontana (1638-1714), der 1697 das Amt eines Chefarchitekten von Sankt Peter übernommen hatte, zu bitten, das Kolosseum in ein riesiges Gotteshaus umzuwandeln. Die den Märtyrern geweihte Kirche sollte innerhalb des Kolosseums entstehen und dessen Mauern weithin sichtbar überragen. Der vom Kirchengebäude nicht in Anspruch genommene Innenraum des Amphitheaters war als ein von Hallen umgebener Vorhof geplant. Die Kirche selbst hatte Fontana als einen Zentralbau mit Kuppel und zwei seitlichen Glockentürmen konzipiert. Die Kuppel sollte eine Figurengruppe aufweisen - zuoberst eine mit der Tiara gekrönte Gestalt, den Kelch in der Hand, von Fontana in seinem Plan als „*Santa Fede cattolica trionfante*" bezeichnet.

Als Bekrönung der Glockentürme waren von Engeln gehaltene Medaillons vorgesehen, die Symbole trugen, die auf das Martyrium Bezug nahmen. 42 Standbilder von Blutzeugen des Glaubens sollten das Kirchengebäude und das Kolosseum schmücken. Im Zentrum der Kirche zeigte der Entwurf einen Doppelaltar mit zwei gegeneinander gestellten Mensen, überdeckt von einem Baldachin, und von einer ringsum laufenden Kommunionbank umgeben. Der vordere der Altäre war ausdrücklich als Kommunionsaltar bestimmt. Da Fontana auch zahlreiche Beichtstühle eingezeichnet hatte - und zwar nicht nur im Kircheninnern, sondern auch in den Hallen des Hofs - war wohl an eine massenweise Spendung der Sakramente gedacht worden.

Hier sollten sich bei besonderen Gelegenheiten - vor allem während Heiliger Jahre - Pilgerscharen versammeln können und ihnen in einem Maße die Möglichkeit geboten werden, zu beichten und das Altarssakrament zu empfangen, wie es in Sankt Peter nur schwer durchführbar war. Carlo Fontanas Entwurf lag ein wichtiger symbolischer Gedanke zu Grunde: „die Entprofanierung dieser geheiligten Märtyrerstätte und die Errichtung eines Siegesdenkmals“ (Eduard Coudenhove-Erthal). Doch schließlich wurde das Projekt aus einer Vielzahl von Gründen fallen gelassen.

1744 befahl Benedikt XIV. (Prospero Lambertini, 1740-1758), in der Mitte der Arena des Kolosseums ein großes Holzkreuz aufzustellen. Im Heiligen Jahr 1750 bat der heilige Leonardo da Porto Maurizio, der große Prediger aus dem Franziskanerorden, Papst Benedikt XIV., in der antiken Kampfstätte Kreuzwegstationen errichten zu lassen. Der Heilige Vater stimmte zu, und im Kolosseum wurde erstmals die *Via Crucis* gebetet. 1756 erklärte der Papst das Flavische Amphitheater zur Gedächtnisstätte des christlichen Martyriums und weihte es der Passion Jesu Christi.

Nach der Einnahme des Kirchenstaates im Jahre 1870 ließ die damalige kirchenfeindliche Regierung Italiens die Kreuzwegkapellen abreißen. 1929, unmittelbar nach den Lateranverträgen, die zur Aussöhnung des Heiligen Stuhls mit dem Königreich Italien führten, errichtete man erneut das Kreuz im Kolosseum; im selbem Jahr fanden dort auch wieder Kreuzwegprozessionen statt. Heute wird jedes Jahr der Kreuzweg, den der Papst am Karfreitag mit vielen tausend Gläubigen beim Kolosseum betet, in Mondovision und über viele Rundfunksender ausgestrahlt. Millionen von Menschen erhalten so die Möglichkeit, gemeinsam mit dem Heiligen Vater des Leidens unseres Herrn Jesus Christus zu gedenken und auch die Erinnerung an die Blutzeugen der ersten christlichen Jahrhunderte aufrechtzuerhalten.

Im Heiligen Jahr 2000 fand vor der Arena des Flavischen Amphitheaters eine Gedächtnisfeier für die Märtyrer des 20. Jahrhunderts statt. Der heilige Johannes Paul II. (Karol Wojtyla, 1978-2005) hob bei dem Gedenken hervor: „Die Denkmäler und Überreste des antiken Rom sprechen zur Menschheit und erzählen von Leid und Verfolgung, die unsere Väter im Glauben, die Christen der ersten Generationen, mit heroischer Kraft ertragen haben. Diese alten Spuren erinnern uns daran, wie wahr die Worte sind, die Tertullian niedergeschrieben hat: ‚*sanguis martyrum semen christianorum* - das Blut der Märtyrer ist der Samen für neue Christen'."

Mögen sie uns Ermutigung schenken!

Die Katakomben

Die römischen Katakomben üben noch in unseren Tagen auf viele Menschen eine ungeheure Faszination aus. Doch entsprechen die Vorstellungen, die man von diesen christlichen Begräbnisstätten der Ewigen Stadt besitzt, in der Regel nicht der Realität. Romane und Hollywood-Filme der Fünfziger und Sechziger Jahre des vergangenen Jahrhunderts haben ihren Beitrag dazu geleistet, wenn auch ohne böse Absicht. Literarische und cineastische Monumentalwerke erweckten den Eindruck, die Katakomben hätten den ersten Christen in den Zeiten der Verfolgung als Zufluchtsstätten gedient. Sie standen den Christen aber nie als ein geheimes Versteck zur Verfügung. Sie waren ausschließlich Begräbnisstätten; man traf sich hier zu den Beerdigungsriten und zum Jahrgedächtnis der Märtyrer und Verstorbenen.

Im ersten Jahrhundert konnten die Christen noch keine eigenen Friedhöfe vorweisen. Besaß man außerhalb der Stadtmauern Grundbesitz, so setzte man seine Verstorbenen dort bei. Ansonsten wurden die allgemeinen Friedhöfe, auf denen auch die Heiden ihre Ruhestätte fanden, in Anspruch genommen. Seit der ersten Hälfte des 2. Jahrhunderts begannen die Christen nach verschiedenen Landschenkungen, ihre Verstorbenen unterirdisch beizusetzen. Es entstanden die Katakomben als Begräbnisstätten der *titoli* (Gemeindebezirke) der Kirche von Rom. Die unterirdische Begräbnisform in meist mehreren Stockwerken hatte auch einen wirtschaftlichen Grund. Bei der Beisetzung auf oberirdischen Friedhöfen wäre der zur Verfügung stehende Platz bald ausgeschöpft gewesen, da für Christen der heidnische Brauch einer Totenverbrennung nicht in Frage kam.

Die Katakomben wurden in Tuffstein gehauen, in ein sehr weiches Vulkangestein, auf dem die ganze Stadt Rom gebaut ist. Manchmal verwendete man für die Stollen schon vorhandene Gänge oder Wassergräben. Häufiger jedoch wurden sie völlig neu in den Tuff gehauen. Die ältesten Gräber befinden sich zuoberst; sobald der verfügbare Raum erschöpft war, legten die Totengräber den Fußboden tiefer, um weitere Gräber zu schaffen, oder sie erweiterten die bereits vorhandenen Stollen und stellten so übereinanderliegende Stockwerke mit Treppen her.

In die Wände der in Tuffstein gehauenen, vielfach verzweigten Gänge grub man rechteckige Nischen, so genannte *loculi*. Die Leichname wurden in ein einfaches Tuch gehüllt und in die Nischen hineingelegt, die *loculi* dann mit Ziegelsteinen zugemauert oder mit Marmorplatten verschlossen. Neben den *loculi* gab es *arcosolia,* aufwendige Bogengräber, und *cubicula,* kapellenartige Kammern, die von Familien genutzt wurden. Die weitverbreitete Meinung, dass die Katakomben während der Verfolgungen für viele Christen als Zufluchtsstätten zur Verfügung gestanden hätten, ist falsch. Die Enge des Raumes und die mangelhafte Belüftung erlaubten keine längeren

Aufenthalte. Außerdem waren diese Friedhöfe den römischen Autoritäten bekannt, der Magistrat verfügte sogar über detaillierte Pläne. Zudem galten alle Gräber - ganz gleich welcher Religion - als heilig und waren daher geschützt.

Woher stammt die Bezeichnung „Katakomben"? Im ersten Jahrhundert nach Christi Geburt wurde der Ort an der Via Appia, wo sich heute Kirche und Katakombe des heiligen Sebastian befinden, *ad catacumbas* genannt. Eine tiefe Talsenke, die von Osten nach Westen abfiel, soll für die Bezeichnung verantwortlich sein. Für den Archäologen und Jesuiten Antonio Ferrua jedoch kommt das *ad catacumbas* daher, weil es an dieser Stelle ein Schild oder ein Relief einer Gaststätte mit Barken gab, denn weder das lateinische *cumba* noch das griechische *cymba* bedeuten „Schlucht" oder „Senke". Die dort später entstandene Grabstätte - die ältesten Zeugnisse gehen auf die Regierungszeit des Kaisers Vespasian (69-79 n. Chr.) zurück - wurde zur besseren Lokalisierung einfach als jene *ad catacumbas* bezeichnet. Im Laufe der Zeit ging dann dieser Name auf alle unterirdischen Begräbnisstätten in Rom über.

Was wir heute als Katakombe bezeichnen, hieß bei den Christen ursprünglich *coemeterium*. Das Wort kommt aus dem Griechischen und bedeutet „Ort der Erholung". Hier erwartete man die Auferstehung von den Toten. Aus diesem tiefen Vertrauen heraus entstanden all die Gemälde und die Inschriften, die sich in den frühchristlichen Begräbnisstätten finden. Und diese Botschaft erreicht uns noch über die Jahrhunderte hinweg. 1996 hob der heilige

Johannes Paul II. hervor: „Bei der Besichtigung dieser Monumente stößt man auf eindrucksvolle Spuren des Christentums der ersten Jahrhunderte und kann den Glauben sozusagen mit der Hand greifen, der jene frühen Gemeinschaften beseelte. Geht man durch die Gänge der Katakomben, trifft man auf nicht wenige Zeichen einer Ikonographie des Glaubens: den Fisch, Symbol Christi; den Anker, Symbol der Hoffnung; die Taube, Darstellung der gläubigen Seele, und neben den Namen auf den Gräbern sehr häufig die Bitte ‚in Christo'. Das sind Zeugnisse des geistlichen Eifers, der in den ersten christlichen Generationen lebendig war. Indem sie dieser Welt näherkommen, können die Christen von heute nützliche Ermutigungen für ihr Leben und für einen entschiedenen Einsatz in der Neuevangelisierung gewinnen".

Sie hüteten in Jungfräulichkeit das Feuer

Der Tempel der Vesta - christliche Spuren auf dem Forum

Vesta, die Tochter des Saturn und der Ops, galt als die *antiquissima dea,* die „allerälteste Göttin". In ihrem Tempel auf dem Forum Romanum gab es kein Bild von ihr. Sie bedurfte keiner künstlerischen Darstellung, sie manifestierte sich im ständig brennenden Feuer des Staatsherdes. „In einer Zeit ohne Streichhölzer oder Feuerzeug war Feuer etwas Kostbares; daher gehörte Vesta, die Göttin des Herdfeuers, seit undenklicher Zeit zu den am meisten verehrten Göttinnen", kommentiert der Historiker Robert M. Ogilvie ihre Bedeutung. Zu allen Zeiten der heidnischen Antike fand sich eine überaus große Verehrung für die Göttin. Berühmt und berührend ist Vergils Gebet an „Mutter Vesta, die du den tuskischen Tiber und Roms Palatium schirmest" (*Georgica,* 1,498-499).

Der Tempel der Vesta war der älteste auf dem Forum. Hier brannte für alle sichtbar das Staatsfeuer. Im Inneren des Tempels befand sich u. a. das *palladium,* ein Standbild der Göttin Athene, das der Sage nach von Aeneas aus Troja gerettet worden war und das ewige Wohlergehen Roms garantierte. Dem Kult der Vesta „sollen sechs Jungfrauen vorstehen, damit die Wache zur Behütung des Feuers leichter ist und die römischen Frauen einsehen, daß die weibliche Natur zur Reinheit jeglicher Art fähig ist", merkte Cicero in seinem Werk „Über die Gesetze" an (*De legibus*, 2). Diese ursprünglich vier, dann sechs - später sogar sieben - vestalischen Jungfrauen. die *Virgines Vestales*, sollen vom zweiten König Roms, Numa Pompilius (750-673 v. Chr.), offiziell in ihren Dienst eingesetzt worden sein.

Die vestalischen Jungfrauen gehörten als einzige Frauen zu den *Sacerdotum quattuor amplissima Collegia*, den vier Priesterkollegien Roms. Ihr Dienst war von staatserhaltender Bedeutung, ihrem Gebet wurde gewaltige Kraft zugemessen, denn „wenn die Götter ihre Bitten verschmähten, dann könnte dieses Gemeinwesen nicht heil sein" (Cicero, *Pro Fonteio*, 48). Die Kandidatinnen für dieses Priesteramt mussten aus freier und ehrenhafter Familie stammen, körperlich und geistig ohne Makel sowie nicht jünger als sechs und nicht älter als zehn Jahre sein. Die sakralrechtliche Aufnahme vollzog der Pontifex Maximus durch die sogenannte *captatio* (Ergreifung); in feierlicher Prozession wurde sie sogleich zum Haus der Vestalinnen beim Vesta-Tempel geleitet, wo sie für zumindest dreißig Jahre lebte und ihren Dienst versah.

Zu den Pflichten der Vestalinnen gehörte unter anderem: das immerwährende Heilige Feuer zu unterhalten; im Heiligtum der Vesta wichtige Testamente und Staatsverträge treuhänderisch aufzubewahren, denn durch das strikte Verbot für Außentehende, den Tempel zu betreten, war eine hohe Sicherheit und Unantastbarkeit für diese Dokumente garantiert; täglich Speiseopfer aus einfachen Nahrungsmitteln für das Staatswesen darzubringen und das Gebet *„pro salute populi Romani* - für das Wohl des Römischen Volkes" zu verrichten; vor dem Beginn der

Spiele in einem Circus oder Amphitheater den Segen der Göttin herabzurufen.

Eine Vestalin besaß Privilegien, die in der römischen Gesellschaft ihresgleichen suchten. Sie war der väterlichen Gewalt nicht mehr unterworfen und konnte über ihr Vermögen frei verfügen. Die Vestalin war *testabilis*, das heißt, sie durfte vor Gericht als Zeugin auftreten. Nicht einmal der Pontifex Maximus, der höchste der römischen Priester, konnte eine Vestalin aus ihrem Amt entfernen - einzig im Falle der Unkeuschheit, und dann auch nur durch Tötung. Wenn die Vestalin öffentlich erschien, ging ein Liktor, ein römischer Staatsbeamter, erkennbar an seinem Rutenbündel, vor ihr her.

Schritt die Vestalin durch die Stadt, waren alle Römer gehalten, beiseite zu treten und ihr den Weg freizumachen. Selbst der Konsul pflegte ihr den Vortritt zu lassen; er verneigte sich vor der Priesterin, und seine Liktoren senkten zum Zeichen der Ehrerbietung die Rutenbündel. Begegnete einer Vestalin ein zum Tode verurteilter Verbrecher, so wurde diesem das Leben geschenkt. Wer unter die Sänfte einer Vestalin trat, wenn diese sich austragen ließ, wurde mit der Todesstrafe belegt. Die Beleidigung einer Vestalin wurde strengstens geahndet, manchmal sogar mit dem Verlust des Lebens - Kaiser Augustus soll den Dichter Ovid nach Tomi an das Schwarze Meer verbannt haben, weil er in seinen Werken anzügliche Bemerkungen über die Göttin Vesta und die Vestalinnen gemacht hatte.

Wenn eine Vestalin ihr Keuschheitsgelübte brach, so galt diese Tat als ein Verbrechen unermesslichen Ausmaßes, ja als eine Katastrophe für das Gemeinwesen, und daher als ein Staatsverbrechen. Bezeichnet wurde diese Tat als *incestum* (Inzest). Der Philosoph und Historiker Plutarch schilderte mit eindringlichen Worten die Konsequenzen eines solchen Vergehens: die lebendige Einmauerung in einem unterirdischen Raum beim Collinischen Tor. In der Frühzeit wurden Vestalinnen zur Strafe auch vom Trapeischen Felsen gestürzt.

Die geschichtlichen Quellen kennen kaum mehr als ein Dutzend Fälle von Todesurteilen gegen die Priesterinnen der Vesta. Überliefert sind die Namen von neunzehn in elf Prozessen wegen Inzests verurteilten Vestalinnen, in einem Zeitraum von ungefähr 750 Jahren, von Tarquinius Priscus bis Kaiser Caracalla. Die beiden spektakulärsten Prozesse, bei denen jeweils drei Vestalinnen verurteilt wurden, fallen zusammen mit schweren militärischen Krisen: der Niederlage gegen Hannibal bei Cannae und dem Beginn des Krieges gegen die Cimbern und Teutonen. Es ist zu vermuten, dass diese Tötungen Justizverbrechen waren, um eine Massenhysterie zu kanalisieren, die nicht anders hätte eingedämmt werden können.

Die Vestalin sollte keine Familie haben, sie war keinem Mann untertan und keiner Nachkommenschaft verpflichtet. Sie ging ganz in ihrem Amt auf. Obwohl es den Vestalinnen nach dreißigjähriger Dienstzeit freistand, eine Ehe einzugehen, machte kaum eine der ihren von diesem Recht Gebrauch. Occia, eine bedeutende und einflussreiche *Virgo maxima Vestalis* (Oberpriesterin) zur Zeit des Kaisers Augustus, starb 19 n. Chr., nachdem sie 57 Jahre lang ihren Dienst als Vestalin verrichtet hatte.

Der Kult der Vesta und der Dienst ihrer Priesterinnen waren für den Bestand des römischen Staatswesens existentiell. Daher war man in allen politischen Epochen - sei es zur Zeit der Könige, in der Republik sowie auch unter den Cäsaren - bemüht, den Kult zu fördern und für sich zu vereinnahmen. Es lag im höchsten Interesse der herrschenden Autorität, die vestalischen Jungfrauen auf das engste an den Staat zu binden. Die Nähe und Anwesenheit der Göttin, repräsentiert durch ihre Priesterinnen, diente der politischen Legitimation.

Im 4. Jahrhundert, der Zeit, in der sich auch das offizielle Rom dem christlichen Glauben zuwandte, blieb auch der noch immer hochgeschätzte Kult und Dienst an der Vesta von den epochalen Umwälzungen nicht verschont. Im Jahre 382 wurden allen heidnischen Tempeln die Stiftungsgelder entzogen. Die Priesterinnen der Vesta verloren ihren Unterhalt, ihre Steuerfreiheit und sämtliche Privilegien. 394 mussten die letzten Vestalinnen den Tempel verlassen; das Feuer der alten Staatsgöttin wurde für alle Zeiten gelöscht.

Symmachus (345-402), Heide, römischer Staatsmann und Redner, hatte sich mit großer Leidenschaft in einem berühmt gewordenen Plädoyer gegen das Verbot der alten Religion gestellt; u. a. betonte er, wie die Jungfräulichkeit der vestalischen Priesterinnen auf das öffentliche Wohl ausgerichtet war. Der christliche Dichter Aurelius Prudentius Clemens wandte sich mit scharfen Worten gegen den heidnischen Apologeten. Der Mailänder Bischof und Kirchenvater Ambrosius (+397) sah in der Jungfräulichkeit eine der schönsten Errungenschaften des

Christentums über die heidnischen Sitten; er spottete, gerade einmal zu sieben - *vix septem* - Jungfrauen habe der alte Götterglaube gereicht.

Im Atrium des Wohnhauses der Vestalinnen befanden und befinden sich Statuen jener Oberinnen der Vestalinnen, die in hoher Achtung beim Volke standen. An der Südseite der Treppe steht das Abbild einer *virgo maxima*, das besondere Aufmerksamkeit verdient. Weil diese Oberin aus uraltem römischen Geschlecht zum Christentum übergetreten war, hatten die Anhänger der überkommenen heidnischen Religion, so berichtet es eine frühchristliche Schrift, ihren Namen getilgt, eine *damnatio memoriae*, eine Auslöschung ihres Gedenkens, vorgenommen. Nur der erste Buchstabe ihres Namens „Claudia" ist auf der Basis der Statue zu sehen, ein „C".

Bei aller harschen Kritik eines Prudentius und Ambrosius zeigte sich jedoch am Beispiel der Vestalinnen, dass es auch in der nichtchristlichen Antike ein tiefes Bewusstsein darum gab, dass jungfräuliches Leben, wenn es sich nicht als Selbstzweck begriff, auf ein höheres Ziel ausgerichtet war und als aufopfernder Dienst verstanden wurde, für den Erhalt eines Gemeinwesens, einer Gesellschaft, von unschätzbarem Wert war und auf eine andere Wirklichkeit zeichenhaft hinwies.

Das ist der Altar des Himmels!

Santa Maria in Ara Coeli und die Weissagung der Sibylle

„Ausgehöhlt ist Cumaes Fels zur riesigen Grotte; breit ziehn hundert Schächte hinab, der Mündungen hundert, hundertfältigen Lauts dröhnt auf der Spruch der Sibylle. Kaum an der Schwelle, begann die Jungfrau: ‚Zeit ist, zu flehn um Schicksalsspruch. Der Gott, o siehe, der Gott!' So rief sie, stand am Tor, jäh wechselt ihr Antlitz, wechselt die Farbe, hoch auf flattert ihr Haar, hart keucht ihre Brust, voller Wut schwillt wild ihr Herz, hoch wächst sie und wächst, kein sterbliches Wort mehr spricht sie, steht im Anhauch ganz des näher und näher waltenden Gottes".

Mit diesen eindrucksvollen Worten schildert der römische Dichter Vergil die Begegnung des Aeneas mit der Sibylle von Cumae in Süditalien. Die Sibyllen nahmen in der Geschichte der alten Welt eine beeindruckende Stellung ein. Diese hochgeschätzten Wahrsagerinnen der Antike zeichneten sich dadurch aus, dass sie den Willen der Götter machtvoll und oft auch unaufgefordert kund taten. Ihr Ursprung liegt im Dunkel der Zeiten.

Im Jahre 40 vor Christus, inmitten einer Zeit, in der das Römische Reich nach dem Tode Cäsars in das Chaos eines furchtbaren Bürgerkrieges zu versinken drohte, verfasste Vergil sein „Adventslied", das Hoffnung geben und ein neues Zeitalter verkünden sollte: „Schon zieht der Weltalter letztes herauf nach dem Wort der Sibylle ... Schon kehrt wieder die Jungfrau, Saturn hat wieder die Herrschaft, schon wird neu ein Spross entsandt aus himmlischen Höhen ... Schon reift die Zeit; tritt an die hohe Ehrenlaufbahn, Kind und Liebling der Götter, du Jupiters herrlicher Nachwuchs! Sieh, es wanket und schwankt des Weltalls schweres Gewölbe, Länder und Räume des Meeres ringsum und die Tiefen des Himmels. Sieh, wie alles sich freut des kommenden Weltenjahrhunderts!"

Später erfuhr die Prophezeiung der Sibylle von Tibur, dem heutigen Tivoli, eine christliche Deutung. Der Kirchenvater Lactantius und der heilige Augustinus von Hippo sahen in den Wahrsagerinnen der Antike Vorboten der Heilsbotschaft. Bereits um 140 vor Christus war im Judentum der Text einer chaldäisch-jüdischen Sibylle bekannt. Ihre Worte und die anderer Sibyllen wurden im Mittelalter zu den *Oracula Sibyllina* zusammengefasst. Nach Erzählungen und Legenden des frühen Mittelalters geht die Gründung der Basilika Santa Maria in Ara Coeli auf eine Weissagung der tiburtinischen Sibylle zurück. Sie soll den römischen Kaiser Augustus bewogen haben, an dieser Stelle einen Altar zu Ehren einer ihm unbekannten, die Welt rettenden Gottheit aufstellen zu lassen.

Jacobus de Voragine greift in seiner berühmten „Legenda aurea", einer Zusammenstellung von Heiligengeschichten, auf diese mittelalterliche Überlieferung zurück: „Kaiser Octavian Augustus stand, nachdem er den Erdkreis unter die Macht Roms gebracht hatte, bei den Senatoren in solcher Gunst, dass sie ihn als Gott verehren wollten. Da der Kaiser aber wusste, dass er sterblich war, wollte er in seiner Klugheit die Bezeichnung eines Unsterblichen nicht beanspruchen. Weil ihn aber jene drängten, rief er die Sibylle herbei - das war eine Prophetin - und wollte durch ihre Weissagung erfahren, ob einmal auf der Welt einer geboren werden sollte, der größer wäre als er selbst.

Als nun Augustus - gerade am Fest der Geburt unseres Herrn - eine Beratung über die Angelegenheit angeordnet hatte und die Sibylle allein in der Kammer des Kaisers ihrer Orakelgebung oblag, erschien mitten am Tag ein goldener Kreis um die Sonne und in der Mitte des Kreises eine allerschönste Jungfrau, die einen Knaben auf ihrem Schoß trug. Da wies die Sibylle auf die Erscheinung, und als der Kaiser darüber in großes Staunen geriet, hörte er eine Stimme, die zu ihm sprach: ‚Das ist der Altar des Himmels - ara Coeli', und die Sibylle sagte: ‚Dieser Knabe ist größer als du, bete ihn daher an!' Der Raum ist später zu Ehren der heiligen Jungfrau geweiht worden und wird deshalb bis auf den heutigen Tag ‚Santa Maria in Ara Coeli' genannt."

Mit der Ankunft Christi auf Erden beginnt aus der Sicht der christlichen Interpreten der Heilsdienst der Sibyllen zu enden. Andere übernehmen es, Botschaften - die „Frohe Botschaft" - den Menschen zu verkünden. So betritt der Apostel Paulus bei Pozzuoli, nur einen kleinen Fussmarsch vom Heiligtum der Sibylle von Cumae entfernt, den Boden Italiens. Doch das Christentum vergaß die Sibyllen nicht, verbannte sie nicht aus der Geschichte. In der Literatur und in der Kunst wird ihrer weiterhin ehrend gedacht. In der Cappella Nuova des Doms von

Orvieto zeigt sich die cumaeische Sybille, ebenso in einem Mosaik der Kathedrale von Siena - dort ist ihrer Abbildung eine ihrer christlich edierten Prophezeiungen beigefügt: „Des Todes Schicksal wird er beenden, einen Schlaf von drei Tagen nimmt er auf sich, dann wird er von den Toten zurückkehren und an das Licht kommen und so den Beginn der Auferstehung anzeigen."

Auf dem Kapitol, dort, wo sich heute Santa Maria in Ara Coeli befindet, stand einst der Tempel der Juno Moneta, der Gemahlin des obersten römischen Gottes. Unmittelbar neben dem Tempel befand sich das *auguraculum*, jene uralte Kultstätte, an der die Auguren ihren Dienst ausübten - aus dem Verhalten und dem Flug der Vögel das Schicksal Roms erkundeten. An dieser Stelle wurden die berühmten kapitolinischen Gänse gehalten, welche die Stadt im Jahre 390 vor Christus mit ihrem Geschnatter vor der Eroberung durch die Gallier retteten.

Die Basilika war in christlicher Zeit jahrhundertelang die offizielle Kirche des römischen Senats, der in ihr bei besonderen Anlässen Gottesdienste abhalten ließ. Im Mittelalter fanden in ihr sogar Sitzungen dieser altehrwürdigen Körperschaft Roms statt. Der Besucher des prachtvollen, dreischiffigen Gotteshauses erblickt beim Betreten der Kirche zweiundzwanzig Säulen, welche die Schiffe voneinander trennen; sie sind antiken Ursprungs und stammen vermutlich teilweise noch aus dem Tempel der Juno Moneta. An einer Säule findet sich die Inschrift *a cubiculo Augustorum* - ein Hinweis, dass sie einst im Schlafgemach des Kaisers gestanden haben soll.

In der Mitte des linken Schiffes öffnet sich dem Besucher die *Cappella Santa*; hier ruhen in der von einem Baldachin überhöhten antiken Porphyrwanne die Gebeine der heiligen Helena; darunter befindet sich der Überlieferung nach der Himmelsaltar des Augustus, die *ara Primogeniti Dei*.

Zum Tanken an den Brunnen der Madonna

Santa Maria in Via

Santa Maria in Via liegt im *Centro Storico*, im historischen Zentrum der Ewigen Stadt. Von ihr sind es nur wenige Schritte, und man steht vor der Marc-Aurel-Säule, bewundert den Trevi-Brunnen oder kann in einem der zahlreichen Cafés in der Via Condotti einen Espresso zu sich nehmen. Das Gotteshaus ist von pulsierendem Leben und hektischem Autoverkehr umgeben. Japanische Touristen, von der Piazza di Spagna kommend, eilen an ihm vorbei zur Piazza di Venezia; eine Gruppe von Schülern aus Deutschland hat sich auf den Stufen niedergelassen, um die Burger eines nahe gelegenen Fast-Food-Restaurants zu verzehren. Ein Taxistand und Bushaltestellen ersetzen fast zur Gänze den üblichen Kirchenvorplatz und lassen kein beschauliches Verweilen zu.

Aufgesucht wird Santa Maria in Via vor allem von den Bewohnern der Ewigen Stadt, Touristen finden nur vereinzelt den Weg in die Kirche. Santa Maria in Via ist eine Pilgerstätte, ein Wallfahrtsort der ganz besonderen Art. Wer das vom Servitenorden betreute Gotteshaus betritt, sieht zwar in dem Hauptschiff den ein oder anderen Gläubigen andächtig niederknien, aber der „Publikumsverkehr“ - wenn man ihn so nennen darf - konzentriert sich auf die erste Seitenkapelle zur Rechten.

Ein Laienbruder, der den Schriftenstand der Kirche mit neuem Lesematerial versorgt, gibt dem Besucher die Erklärung: In der Mitte des 13. Jahrhunderts befand sich am Ort der Kapelle eine Scheune mit einem Brunnen, die an den Vorgängerbau des heutigen Gotteshauses grenzte. Sie war im Besitz des Kardinals Pietro Capocci. Ein Diener des Purpurträgers ließ in der Nacht vom 26. zum 27. September 1256 ein Bild Mariens mit dem Jesuskind in den Brunnen (*pozzo*) fallen. Bevor es den Grund des Brunnens erreichte, schoss das Wasser hervor und trug es auf wundersame Weise nach oben.

Der Kardinal ordnete die Errichtung einer Kapelle über dem Brunnen an und zugleich den Neubau der Kirche. Das von Papst Alexander IV. (Rinaldo dei Segni, 1254-1261) approbierte Wunder der *Madonna del Pozzo* führte dazu, dass die Kapelle zu einem vielbesuchten Wallfahrtsort wurde. Noch heute finden sich hier Tag für Tag Gläubige ein, um aus dem Brunnen zu trinken, da dem Wasser heilkräftige Wirkung nachgesagt wird. Auf Wunsch füllt der Messner der Kirche das Wasser auch in Flaschen ab.

Das Wasser aus dem Brunnen sei ein Angebot für alle, die daraus trinken möchten, betont der Pfarrer des Gotteshauses. So wie Jesus es am Jakobsbrunnen gelehrt und es gegenüber der Samariterin vorgelebt habe, dürfe dieses Geschenk des Lebens niemandem verwehrt bleiben. Wenn man die „Kunden" der Madonna fragt, warum sie aus der Quelle trinken oder das Wasser mit nach Hause nehmen, erhält man eine breite Palette von Antworten.

Die ältere Dame, die zwei kleine Flaschen in ihre Handtasche verstaut, kommt seit vielen Jahrzehnten zur Madonna del Pozzo. Für sehr lange Zeit sei ihr Mann krank und bettlägrig gewesen, erzählt die Signora, und als eifriger Verehrer der Gottesmutter sei ihr Gatte dafür dankbar gewesen, wann immer sie ihm eine Flasche des Wassers mitgebracht habe: „Er hat sich keine Wunder davon erwartet, sondern Trost und Stärkung im Leiden". Seit langem sei ihr Ehemann tot. Aber den Brauch habe sie beibehalten, gesteht sie etwas verlegen ein, jedes Mal, wenn sie sein Grab auf dem Campo Verano, dem römischen Zentralfriedhof, aufsuche, bringe sie ihm das Wasser der Madonna vorbei und versorge damit den Grabschmuck.

Clara steht kurz vor dem Abschluss ihrer Doktorarbeit in Architekturgeschichte; ihr Studium hat sie mit Führungen durch die Ewige Stadt finanziert. In einer halben Stunde ist sie mit einer Gruppe französischer Studenten im Pantheon verabredet. Die Zeit bis dahin nutzt sie für ein kurzes Gebet in Santa Maria in Via. Clara ist oft hier. Und jedes Mal besucht sie auch die Kapelle und trinkt ein Glas Wasser. Warum, kann sie gar nicht richtig erklären: „Aber ich fühle mich danach einfach gut."

Valeriano ist Taxifahrer, gerade dreißig Jahre alt geworden, verheiratet und stolzer Vater von zwei Kindern. Er hat seinen Standplatz auf der Piazza San Silvestro vor dem römischen Hauptpostamt, nur drei, vier Minuten von der Kirche entfernt. Einmal am Tag kommt er zur Madonna del Pozzo, um einen Schluck aus der wundertätigen Quelle zu nehmen. Die Kollegen, die dann auf sein Taxi aufpassen, wissen, wo er hingeht, und bitten ihn manchmal sogar, ihnen eine Flasche Wasser mitzubringen: „Der Brunnen der Madonna ist so etwas wie eine

Tankstelle, an der ich für meinen Glauben neue Kraft und Hoffnung finden kann. Wenn ich davon trinke, weiß und spüre ich, dass der Glaube etwas Lebendiges ist."

Was wir sind, werdet ihr sein

Die Kapuzinergruft der Via Veneto

Eine ungewöhnliche, den Menschen unserer Zeit merkwürdig erscheinende Gedenkstätte des Todes findet sich mitten im pulsierenden Zentrum Roms. Sie liegt unweit der Straße, die mit dem *dolce vita,* dem „süßen Leben" der Fünziger und Sechziger Jahre des vergangenen Jahrhunderts in Verbindung gebracht wird.

In der Nähe der Piazza Barberini, am Beginn der Via Veneto, liegen Kirche und Kloster der Nostra Signora della Concezione dei Cappuccini. Sie wurden von Papst Urban VIII. (Maffeo Barberini, 1623-1644) in der ersten Hälfte des 17. Jahrhunderts für seinen Bruder, den Kardinal Antonio Barberini, ein Mitglied des Kapuzinerordens, erbaut. Der Pontifex selbst segnete den Grundstein der Kirche und feierte in ihr den ersten Gottesdienst. Ein Lichtblick in der Zeit des Nepotismus!

Viele Rombesucher lenken ihre Schritte jedoch nicht in das Gotteshaus, sondern sie steigen hinab in die Krypta der Kirche - und dies oft nicht in frommer Gesinnung, sondern aus einer bizarren Neugierde heraus. Selbst der Tourist, der aus den Stadtführern um das weiß, was ihn in den unterirdischen Räumen erwartet, erschrickt und verstummt angesichts dessen, was er erblickt. Ein Inschrift am Eingang der Krypta prophezeit: „*Quod fuimus, estis, quod sumus, eritis* - Wir waren, was ihr seid, und was wir sind, werdet ihr sein."

Die Wände der Gänge und Säle der Gruft sind von Gebein bedeckt. Alle Verzierungen - Blumen, Rosetten, Arabesken und Schmuckbänder - sind aus menschlichen Knochen geformt, und zwar in einer beinahe unerreichbaren Vollendung. An Ketten aus Schienbeinen hängen Lampen, die ihrerseits wieder aus Rippen und Gelenken Verstorbener bestehen. Selbst die Sanduhren entstammen Skelettteilen. Der Besucher schaut auf ungeheure Anhäufungen von Schädeln. Einige von ihnen bilden die Nischen, in denen mumifizierte Mönche, gehüllt in ihre Gewänder, liegen oder stehen.

Fast viertausend Söhne des heiligen Franziskus sind hier beigesetzt worden, in einem Erdreich, das aus Jerusalem in das römische Gotteshaus gebracht worden war. Inmitten der Ordensbrüder haben auch drei weibliche Personen ihre letzte irdische Ruhestätte gefunden: eine Fürstin und zwei kleine Mädchen - Angehörige des römischen Adelsgeschlechts der Barberini, das bis in die jüngste Zeit das Patronat über die Kirche und den Konvent der Kapuziner innehatte. Nachdem das Fleisch ihrer Leichname verwest war, wurden die Skelette zum Schmuck der Krypta genutzt - nicht aus einer makaberen Laune heraus, sondern mit einer ganz bestimmten Absicht.

Ein berühmter Auslandsrömer, Constantin Maes, erkannte die Botschaft. Zunächst erschien im die Gruft der Kapuzinermönche dunkel und schauerlich. „Heiliger Schrecken" erfüllte ihn, als er in sie mit einer Fackel hinunterstieg; die „Ausstattung" der Krypta ängstigte, verwirrte ihn und nahm ihm fast den Atem. Dann aber wurde ihm bewusst, dass sie auf diese Weise „mit dem Tode gleichsam scherzt, es ihr so gefällt, auf die große, unleubare Wahrheit der Auferstehung hinzudeuten".

Und ein römischer Schriftsteller empfand in den Gewölben unter der Kirche der Muttergottes ein Gefühl beruhigender Hoffnung: „Hier macht der Tod keine Angst. In diesem Schauspiel des Todes spüren wir den Glauben an ein anderes Leben. Wir erkennen an diesem Ort das Morgen unter der Maske unseres vergänglichen Fleisches".

Wo Leben und Tod einander begegnen

Santi Vincenzo e Anastasio

Eine einzige kurze Szene verschaffte Anita Ekberg weltweite Berühmtheit und drückte dem Lebensgefühl einer Epoche einen cineastischen Stempel auf. Federico Fellini ließ die schwedische Schauspielerin für seinen Film *La dolce vita* in den wohl berühmtesten Brunnen Roms, in die *Fontana di Trevi*, steigen. Mit ihren weiblichen Reizen lockte Anita Ekberg ihren zaudernden Filmpartner Marcello Mastroianni zu sich unter den Wasserfall der Fontana.

La dolce vita beschreibt nicht nur die Dekadenz der römischen Schickeria in den Fünfziger Jahren, deren allabendliches Treiben in den Cafes und Bars der Via Veneto, die Vereinnahmung einer Stadt zum reinen Vergnügen einiger weniger, der Titel des Films ist zum Synonym eines „süßen Lebens" geworden, das die Bindung an die Realität menschlicher Existenz aufgegeben hat. Vermutlich hat Fellini gewusst, dass nur zwei, drei Schritte von der pulsierenden Fontana di Trevi entfernt eine Kirche aus dem 17. Jahrhundert liegt, die sich anderen Kriterien des Lebens verpflichtet fühlt: Ss. Vincenzo e Anastasio. Schon im 10. Jahrhundert stand an dieser Stelle ein kleines Gotteshaus. Eine Bulle Papst Johannes' XII. aus dem Jahre 962 kennt es unter dem Namen „Sant'Anastasio" als eine der Filialkirchen von San Silvestro in Capite; später wurde das Patronat der Kirche um San Vincenzo erweitert.

Sein heutiges Aussehen verdankt das Gotteshaus einem Neubau, den Kardinal Jules Mazarin (1602-1661) zum Heiligen Jahr 1650 vornehmen ließ. Mazarin hielt gut zwei Jahrzehnte die Geschicke Frankreichs als Erster Minister des Landes in Händen. Unter seiner Regierung stieg Frankreich zur führenden kontinental-europäischen Macht auf. Der Purpurträger hatte nie eine römische Diakonie oder Pfarrei als Titel in Besitz genommen. Er erwählte sich Ss. Vincenzo e Anastasio zur „Kardinalskirche" - und als Grablege für seine aus Italien stammende Familie. Die Kirche zeigt viele offene und versteckte Anspielungen auf Mazarin und Frankreich, so das Wappen des Kardinals: ein Liktorenbündel und ein Querband mit drei Sternen. Für die Frauenbüste an der Außenfassade der Kirche soll die Nichte der Eminenz, Maria Mancini, eine Mätresse König Ludwigs XIV., Modell gestanden haben.

Als sich die Päpste gegen Ende des 16. Jahrhunderts auf dem Quirinalshügel eine weitere Residenz erbaut hatten, war Ss. Vincenzo e Anastasio zur päpstlichen Pfarrei erhoben worden. Sixtus V. (Felice Peretti, 1585-1590) hatte bestimmt, dass in dieser Kirche die *Praecordia,* das Herz und die Eingeweide eines jeden verstorbenen Papstes, in Zinkbehältern beizusetzen seien. Wenn der päpstliche Leibarzt den Tod des Pontifex Maximus festgestellt hatte, wurden dem Leichnam des Verstorbenen das Herz und die inneren Organe entnommen und in ein Gefäß gelegt. Das aus Zink bestehende Behältnis verschloss man sorgfältig und versah es mit den Siegeln des Kardinalkämmerers der Heiligen Römischen Kirche und des Präfekten der Apostolischen Sakristei.

Die Aufgabe, die Praecordia in die Kirche von Ss. Vincenzo e Anastasio zu überführen, kam dem ersten Geheimkaplan des Papstes zu. Eine Abteilung der aristokratischen Leibgarde des Pontifex, die laut ihrem Reglement bis zur Beisetzung ihres obersten Dienstherrn nicht von dessen sterblichen Überresten zu weichen hatte, gab das Ehrengeleit. Im Chor des Gotteshauses, an der rechten Seitenwand, befindet sich eine große Marmortafel, die dem Besucher in lateinischer Sprache mitteilt, von wessen Oberhirten der katholischen Kirche an dieser Stelle die Praecordia beigesetzt sind. Die letzten in Ss. Vincenzo e Anastasio beigesetzten Praecordia eines Papstes sind die von Leo XIII. (Gioacchino Pecci, 1878-1903). Der heilige Pius X. (Giuseppe Sarto, 1903-1914) verfügte, diesen Brauch nicht weiter fortzusetzen.

Als Anita Ekberg im Januar 2015 im Alter von 83 Jahren verstarb, wurde der Stadt Rom vorgeschlagen, das Wasser des Trevi-Brunnen schwarz zu färben, um der schwedischen Schauspielerin angemessen zu huldigen. Der Rektor der päpstlichen Grabeskirche hielt entgegen, zwar erscheine auch die Aufbewahrung der Praecordia in Ss. Vincenzo e Anastasio als ein Gedenken in Trauer und im Dunkeln, aber letztendlich feiere man mit ihnen in dem Gotteshaus tagtäglich das Leben.

Es träumte einst ein Papst

Santo Spirito in Sassia und die *ruota degli innocenti*

Der Papst hatte eine unruhige Nacht gehabt. Immer wieder war er von einem Traum aus dem Schlaf gerissen worden. Innozenz III. (Lotario dei Conti di Segni, 1198-1216) sah, wie die Fischer der Ewigen Stadt in ihren Netzen die leblosen Körper Neugeborener aus dem Tiber zogen. Der Traum erschütterte den Papst so sehr, dass er unverzüglich handelte. Bei der Kirche Santo Spirito in Sassia, so befahl er, solle eine *ruota,* einer Drehtrommel, gebaut werden, in die verzweifelte Mütter ihre Neugeborenen hineinlegen konnten. Solche *ruote* waren zehn Jahre zuvor erstmals in Frankreich aufgekommen, zunächst in Marseille, dann in Aix-en-Provence und Toulon.

Die *ruota degli innocenti,* die „Drehtrommel der Unschuldigen", beschrieb Johann Georg Krünitz in seiner gegen Ende des 18. Jahrhunderts herausgegebenen *Oeconomischen Encyklopädie* mit den Worten: „An den Findelhäusern wird die Einrichtung gemacht, dass die Kinder in einen gewissen Drehschrank, Rolle oder Walze, Torno genannt, geleget, und dieselbe umgedrehet wird, dass das Kind in das Haus hineinwärts zu liegen kommt. Man zieht alsdenn an der daselbst befindlichen Glocke oder Klingel, und geht davon; da denn das Kind auf dieses gegebene Zeichen sogleich von den dabey wachenden

Aufsehern in Empfang genommen wird. Gedachtes Behältnis oder Torno, welches in der Mauer an einer eisernen Spindel befestigt ist; sieht gemeiniglich einem großen Kornscheffel ähnlich, und kann umgedrehet werden, so bald der Deckel davon genommen wird."

In der Nähe der Kirche Santo Spirito in Sassia befanden sich die Ruinen des Hospizes gleichen Namens, das im 8. Jahrhundert für angelsächsische Pilger begründet worden war. Die *schola saxonum* ging auf eine Stiftung des Königs Ine von Wessex zurück. Dort ließ Papst Innozenz III. zeitgleich mit dem Bau der *ruota degli innocenti* ein Hospital für die Armen und Bedürftigen der Stadt errichten - mit der besonderen Verpflichtung, sich um ausgesetzte Säuglinge zu kümmern. Das Ospedale di Santo Spirito wurde im Mittelalter zum Vorbild kirchlicher und weltlicher Hospitäler und trug daher schon bald den Titel eines „*Arco-Ospedale* - Erzhospitals"

Das Krankenhaus am Ufer des Tibers blieb über Jahrhunderte in der Gunst der Päpste. Die Nachfolger Innozenz' III. statteten es mit Pfründen aus, aber ließen ihm auch Gelder aus ihrem persönlichen Vermögen zukommen. Bis zum Ende ihrer weltlichen Herrschaft über Rom sorgten sie mit einer besonderen Bestimmung im Erbschaftsrecht für das Hospital. Jeder Notar, der ein Testament aufnahm, musste den Erblasser auf das Ospedale di Santo Spirito aufmerksam machen; hatte er dies unterlassen, so war die Verfügung ungültig, ganz unabhängig davon, ob der Erblasser überhaupt das Hospital hatte bedenken wollen oder nicht.

In einem Schreiben hatte Innozenz III. angeordnet, die

Hospitäler und Findelhäuser des Kirchenstaates mit den *ruote* zu versehen; der Papst bat aber auch die anderen Herrscher Italiens, ähnliche Verfügungen zu erlassen. Mit der Zeit wurden überall auf der apenninischen Halbinsel die lebensrettenden Drehtrommeln eingeführt. Erst in der zweiten Hälfte des 19. Jahrhunderts entschied sich das neuentstehende Königreich Italien für die allmähliche Abschaffung der *ruote*; die erste wurde 1867 in Ferrara demontiert, 1872 mussten die römischen *ruote* schließen. 1923 befahl Benito Mussolini das scheinbar endgültige Ende der Drehtrommeln. Doch das dritte Jahrtausend ließ in vielen Ländern der Erde eine Nachfolgeeinrichtung aufkommen, die Babyklappe - auch in Italien.

Im römischen *Policlinico Casilino* wurde vor einigen Jahren eine hochmoderne Babyklappe eingerichtet. Das Krankenhaus an der östlichen Peripherie der Stadt, in der Nähe des *Grande Raccordo Anulare*, der achtundsechzig Kilometer langen Ringautobahn, die um Rom herumführt, berief sich damals ausdrücklich auf die „Drehtrommel der Unschuldigen" beim Ospedale di Santo Spirito. Wer als Tourist oder Pilger vom Corso Vittorio Emanuele kommend seine Schritte nach Sankt Peter lenkt, sollte, nachdem er die Tiberbrücke passiert hat, nicht den Weg über die Via della Conciliazione einschlagen. Ein Umweg von ein, zwei Minuten am Borgo Santo Spirito entlang führt ihn zur *ruota degli innocenti* Papst Innonzenz' III., die vom Glauben und vom Einsatz der Kirche für das Leben Zeugnis gibt.

Sie gedenken der Unbekannten

San Bartolomeo all'Isola

Die Feier des Allerseelentages am 2. November geht auf Abt Odilo von Cluny zurück, der im Jahre 998 für die seinem Kloster unterstellten Ordensgemeinschaften das Gedächtnis aller verstorbenen Gläubigen anordnete. An diesem Tag gedenkt die Kirche noch heute der Verstorbenen. Sie tut dies in zeitlicher und innerlicher Bindung an das vorausgegangene Allerheiligenfest. An Allerheiligen und Allerseelen besuchen die Christen die Gräber ihrer Verstorbenen, sie schmücken sie mit Blumen und entzünden auf ihnen Wachs- und Öllichter. Besonders aber betet man in diesen Tagen für die Armen Seelen, die im Fegefeuer verharren, bis ihre Schuld restlos getilgt ist.

In Rom kam dem Totengedenken immer große Bedeutung zu, in der heidnischen Antike ebenso, wie in den vom Christentum geprägten Jahrhunderten. Viele Orte in der Ewigen Stadt - Tempel, Kirchen, Katakomben und Gottesäcker - geben beredtes Zeugnis von der *cura* (Sorge) der Römer für die Verstorbenen. Ein bemerkenswerter unterirdischer Friedhof befindet sich auf der Tiberinsel. Zu ihm findet man Zugang, wenn man sich in die Kirche des heiligen Bartholomäus begibt, die gegen Ende des 10. Jahrhunderts an der Stelle eines uralten Äskulaptempels errichtet worden ist.

In der Kirche führt eine Treppe den Besucher tief hinunter, bis er sich auf der Höhe des Tibers befindet. Hier sind all jene Unglücklichen beigesetzt, deren Namen niemand außer Gott kennt, Männer und Frauen, die in vergangenen Zeiten den Briganten (Wegelagerer, Räuber) des römischen Umlandes zum Opfer fielen, in den Fluten des Tibers ertranken oder durch Seuchen hinweggerafft wurden. Die Begräbnisstätte, die bei den Überschwemmungen des Tibers immer wieder unter Wasser gesetzt wurde, musste im Jahre 1836 auf Befehl Papst Gregors XVI. (Bartolomeo Alberto Mauro Cappellari, 1831-1846) geschlossen werden. Der Papst hatte diese Maßnahme aufgrund der großen Choleraseuche, die Rom heimgesucht hatte, ergriffen - Verstorbene sollten nun ausschließlich auf dem Campo Verano nahe der Basilika San Lorenzo fuori le mura beigesetzt werden.

Die Bruderschaft, der einst die Sorge um den unterirdischen Friedhof der Tiberinsel anvertraut wurde, existiert noch immer. 1760 hatten die Gebrüder Michele und Giovanni Scolari gemeinsam mit Giuseppe Denzi eine Sodalität begründet, die sich die Aufgabe gesetzt hatte „über das Leiden des Erlösers zu meditieren". 1776 erhob Papst Pius VI. (Giannangelo Braschi, 1775-1799) die Gemeinschaft zu einer Bruderschaft, zur *Confraternità dei Devoti di Gesù al Calvario e di Maria Santissima Addolorata in sollievo delle Anime Sante del Purgatorio*. Wegen der roten Kapuzengewänder, die bei den religiösen Zeremonien getragen werden, heißen die Mitglieder der frommen Vereinigung auch *Sacconi Rossi*.

Zu den der Bruderschaft aufgetragenen geistlichen

Verrichtungen gehört neben der Betrachtung und der Begehung des Kreuzweges besonders das Gebet für die Armen Seelen im Fegefeuer. Aus dieser Haltung heraus übernahmen sie auch die Sorge für die dem Tod Geweihten, die ohne Familie und Anverwandte dastanden. Deren sterbliche Überreste setzten sie in den Räumen unterhalb ihres Oratoriums in der Kirche des heiligen Bartholomäus bei. Die Leichname der an Cholera Erkrankten wurden von den Mitgliedern der Bruderschaft in Barken den Tiber hinaufgebracht; an menschenleeren Orten verbrannte man dann - durch päpstliches Indult ermächtigt - die Toten. Die moralische Verpflichtung, jeden Toten in Rom und Umgebung würdig beizusetzen und für seine unsterbliche Seele Gebete zu sprechen, teilte man sich mit anderen frommen Vereinigungen der Ewigen Stadt.

Am frühen Abend eines jeden 2. November finden sich die Mitglieder der Bruderschaft und zahlreiche Gläubige auf dem Vorplatz der Kirche des heiligen Bartholomäus ein. Mit frommen Gesängen ziehen sie zu dem Gotteshaus. Im Schein von Fackeln und Wachskerzen steigen sie zu dem kleinen Gottesacker hinunter. Die mit Schädeln und Knochen geschmückten Grabstätten werden von dem Priester mit geweihtem Wasser gesegnet und mit Weihrauch inzensiert. Stille Gebete folgen. Dann begibt sich die Prozession wieder hinauf zur Kirche und zieht über den Vorplatz zum äußersten Ende der Tiberinsel an der Ponte Rotto. Hier bildet man mit den Fackeln und Kerzen einen Halbkreis um den Priester.

Auf den Fluss ruft der Geistliche den Segen herab; mit Weihrauch wird er feierlich für Gott eingenommen. In

Gebeten und Litaneien erfleht man von der Gottesmutter, den Engeln und den Heiligen ihr Eintreten für die Armen Seelen. Schließlich - und es ist nunmehr fast Nacht - wird in das Wasser des Tibers eine prachtvoll geschmückte Blumenkrone hinabgelassen, zum Gedächtnis jener, die in dem Fluss ihr Leben verloren. „Rom ist eine Stadt, die das Leben bejaht, aber den Tod nicht leugnet", hebt der Kaplan der Bruderschaft in seiner kurzen Ansprache hervor. „Gerade deshalb werden die Verstorbenen nicht vergessen, sie sind hier genauso beheimatet wie wir. Deshalb gilt auch ihnen unsere Verantwortung, unsere Sorge. Mit ihnen leben wir und glauben an den, der Herr über Leben und Tod ist".

Für das Seelenheil der zum Tode Verurteilten

San Giovanni Battista Decollato

In früheren Zeiten befanden sich die regulären Hinrichtungsstätten der Ewigen Stadt *al Ponte* auf der Piazza del Ponte Sant'Angelo, *al Popolo* beim Pincio und *alla Madonna dei Cerchi* in der Via de'Cerchi, der heutigen Piazza di Bocca della Verità.

An einen dieser Orte lenkte Mastro Titta bis kurz vor dem Ende des Kirchenstaates seine Schritte. Mit neugierigen Blicken verfolgten Römer und Fremde den Weg des Henkers von Rom. *Mastro Titta* war die Verballhornung des Ausdrucks *Maestro di Giustizia* - Meister der Gerechtigkeit. Viele Generationen von Römern hatten den Scharfrichter durch die Straßen der Ewigen Stadt schreiten sehen. Aber auch für Romreisende aus ganz Europa waren die Hinrichtungen eine „Attraktion"; in der Literatur berühmt geworden sind die Schilderungen von Lord Byron und Charles Dickens.

Stand das Datum einer Hinrichtung fest, wurden an den Kirchen Roms *avvisi,* Bekanntmachungen, angebracht. Sie forderten die Gläubigen auf, Gebete und fromme Übungen für das Seelenheil des Unglücklichen zu verrichten. Von diesem Zeitpunkt an bis zur Vollstreckung eines Todesurteils nahm sich die *Arciconfraternità di San Giovanni Decollato* des Delinquenten an. Die Erzbruderschaft war im Jahre 1488 als *Confraternità della Misericordia* - Bruderschaft der Barmherzigkeit entstanden.

Die von in der Ewigen Stadt lebenden Florentinern begründete fromme Vereinigung sah es als ihren Auftrag an, den zum Tode Verurteilten in geistlicher wie materieller Weise hilfreich beizustehen, für deren Bestattung in geweihter Erde Sorge zu tragen und die Gebete für die Rettung ihrer Seelen zu verrichten. Die Mitglieder der Erzbruderschaft blieben bei der Ausübung ihres barmherzigen Dienstes unerkannt, sie waren durch schwarze Gewänder verhüllt; unter den Kapuzen verbargen sich Kardinäle, Adelige und Künstler; der Arciconfraternità gehörten so berühmte Männer wie Michelangelo Buonarroti an.

In Rom besaßen die *confratelli* eine eigene Kirche - San Giovanni Battista Decollato -, die in der Nähe zur Hinrichtungsstätte *alla Madona dei Cerchi* lag. Der Name des Gotteshauses leitet sich vom Martyrium des heiligen Johannes des Täufers her, der unter König Herodes enthauptet wurde (ital. *decollato*). Errichtet wurde die Kirche zur Mitte des 16. Jahrhunderts. Da die Bruderschaft von in Rom ansässigen Florentinern gegründet worden war, herrschte in ihr der toskanische Stil vor. Der Kreuzgang von San Giovanni Battista Decollato diente der Beisetzung der Hingerichteten, die hier namenlos bestattet wurden.

In den letzten zwölf Stunden vor der Hinrichtung wich die Erzbruderschaft nicht mehr von der Seite des Verurteilten. Auf dem Weg zur Exekution gaben ihm ihre Mitglieder feierlich das Geleit. Man trug ihm das von einem schwarzen Flor umgebene Kreuz voran, damit er in dieser

Stunde den Herrn vor Augen hatte. Psalmengesänge sollten trösten, Litaneien die Gnade und Vergebung Gottes erbitten. Ein „*Confortatore* - Trostspender", der den Verurteilten zur Exekutionsstätte begleitete, reichte diesem vor der Hinrichtung aus einem Zinnbecher einen letzten Schluck Wein. Nachdem der Scharfrichter seines Amtes gewaltet hatte, hievte die Bruderschaft den Leichnam auf eine Bahre, bedeckte ihn und trug ihn zu ihrer Kirche, wo er unter Gebeten beigesetzt wurde.

Bis in das 19. Jahrhundert hinein durfte sich die Erzbruderschaft eines besonderen Privilegs erfreuen. Die Päpste hatten ihr zugestanden, alljährlich um die Aufhebung eines Todesurteils anzusuchen. Zu Beginn des Monats August eines jeden Jahres entsandte der Vorsteher der Erzbruderschaft drei Mitbrüder in die römischen Gefängnisse, um alle Häftlinge aufzusuchen, die zum Tode verurteilt worden waren. In besonderen *examina* - das Augenmerk richtete sich vor allem auf den Nachweis echter Reue - wurde dann jener ermittelt, dessen Leben die Erzbruderschaft vom Papst erbat.

Hatte der Heilige Vaters seine Zustimmung erteilt, wurden vor dem Kerker des Erwählten weiße Behänge angebracht. Dann zogen die Mitglieder der Erzbruderschaft zu dem Gefängnis. Sie alle waren in ihre Kapuzengewänder gehüllt. Einige von ihnen trugen Laternen mit sich, andere Kruzifixe. Ihnen voran ging das große Kreuz der Bruderschaft, das bei jeder Hinrichtung anwesend war. Der Vorsteher der Erzbruderschaft trug in der einen Hand den schwarzen Bruderschaftsstab, in der anderen ein rotes Gewand. Beim Kerker angekommen wurde die *liberazione*, die Befreiung, vollzogen. Der zum Weiterleben Bestimmte legte das rote Gewand an und warf sich vor dem Kreuz nieder. Vom Kaplan der Bruderschaft erhielt er die *corona d'olivo argentato*, einen aus versilberten Olivenzweigen geflochtenen Kranz, auf den Kopf gesetzt. Nun zog man in Prozession, das Tedeum, den großen Ambrosianischen Lobgesang, singend, zur Kirche San Giovanni Battista Decollato, in der unter Beteiligung einer großen Volksmenge ein feierliches Hochamt zum Dank für die Errettung des Reumütigen gefeiert wurde. Zum Abschluß des Gottesdienstes wurden alle Glocken des Gotteshauses geläutet. In dieses Geläut stimmten die Glocken der Nachbarkirchen sodann ein.

Heute haben Besucher der Kirche am Fest der Enthauptung des heiligen Johannes des Täufers die Gelegenheit, einen Blick in die *camera storica*, die historische Kammer, der Erzbruderschaft zu werfen. Sie ist im ersten Stock des im Besitz der Arciconfraternità befindlichen Nebengebäudes der Kirche gelegen. Hier wird die Bahre aufbewahrt, auf der die Leichname der Hingerichteten zur Begräbnisstätte gebracht wurden, die Körbe zum Transport der abgeschlagenen Köpfe und die Schnüre, mit denen man die Körper in die Gräber hinabließ, Einen besonderen Platz aber hat in der *camera* das rote Gewand, das der von der Todesstrafe befreite Delinquent zu tragen hatte.

San Giovanni Decollato ist keine Kirche der Hoffnungslosen. In dem Buch der Bruderschaft findet sich von unbekannter Hand vermerkt: „Wir sind nicht dem Tode verpflichtet, sondern dem Glauben an das Leben".

Wehret mutig dem Bösen

San Giovanni in Velabro

Am Fuße des Palatin, in der Nähe der Piazza della Bocca di Verità, liegt die Kirche San Giorgio in Velabro. Das Gotteshaus ist eines der ehrwürdigsten der Ewigen Stadt. Seine Wurzeln reichen bis in das 6. Jahrhundert zurück. An Stelle einer um das Jahr 685 erwähnten Basilika, trat im 9. Jahrhundert ein Neubau, der dreihundert Jahre später um den noch heute zu bewundernden Portikus und Glockenturm erweitert wurde.

Der Schriftsteller Reinhard Raffalt berichtet von der Basilika, die er „unter den kleinen Kirchen Roms für die am meisten römische" hält: „Sie hat sich in das Erdreich des alten Rom an einem Punkte niedergelassen, der in der Antike von Marktgeschrei und Gewinnsucht widerhallte. Die Steine, die ihre Gestalt beleben, stammen aus der Tiefe der Heidenzeit, vor ihren Toren lagert sich der Bogen des vierquelligen Janus, an ihrer Flanke lehnt ein kleiner Geldwechslerbogen, den man zu Ehren des Septimius Severus aufgerichtet hat, und der große Hirtenmarkt der Campagna hat heute noch steinerne Zeugen auf dem Platz vor der Kirche".

Patron der Basilika ist der heilige Georg. Georg stammte aus Kappadokien und war römischer Offizier gewesen. Unter Kaiser Diokletian erlitt er im Jahre 303 einen grausamen Tod. In der Legende erscheint Georg als der Held, der glorreich den Kampf mit dem höllischen Drachen besteht. Seine Bezwingung des Ungeheuers wird als Sieg des Guten über das Böse gedeutet. Seit dem 4. Jahrhundert ist die liturgische Verehrung des Märtyrers bezeugt. Der unbesiegbare Glaubenszeuge wurde zum großen Schutzherrn der Soldaten, Ritter und Kreuzfahrer. Das Land zwischen dem Kleinen und dem Großen Kaukasus erhielt nach ihm seinen Namen: Georgien. Über England übt er das Patronat aus: In unseren Gefilden wird er den vierzehn Nothelfern zugerechnet.

In einer Predigt des heiligen Ambrosius, des Kirchenvaters und Bischofs von Mailand, heißt es: „Georg, der tapfere Streiter Christi, wagte allein unter den Christen den Gottessohn zu bekennen, da alles andere Bekenntnis schwieg. Ihm gab die göttliche Gnade solchen Mut, dass er die Gebote der Tyrannen für nichts achtete und die unzähligen Martern nicht fürchtete. O seliger hochberühmter Streiter Gottes! Dich blendeten nicht die Verheißungen irdischer Macht, du spottetest deiner Verfolger und sandtest ihre greulichen Götzen zur Hölle".

Bei der Messfeier zu Ehren des kappadokischen Märtyrers wurden Verse aus den Psalm 65 gesungen: „Du hast mich beschützt Gott, vor der Versammlung der Bösen, vor der Zahl der Missetäter. Erhöre, o Gott, mein Gebet, wenn ich zu Dir fliehe, entreiße meine Seele der Furcht vor dem Feinde". Keine Furcht bewies der heilige Johannes Paul II. (Karol Wojtyla, 1978-2005), wenn es darum ging, Auswege aus den Fesseln einer von der Gesellschaft geduldeten Unterdrückung zu fordern und Verbrechen gegen die menschliche Würde öffentlich und lautstark zu geißeln.

Im Frühjahr 1993 besuchte der Papst Sizilien. Bei einer Eucharistiefeier in Agrigent wandte er sich unmissverständlich gegen das Organisierte Verbrechen. Er wich von seinem Redemanuskript ab und rief sichtbar erzürnt aus: „Gott hat gesagt: Du sollst nicht töten. Kein Mensch. Keine Menschenvereinigung, keine Mafia kann dieses hochheilige Gesetz Gottes ändern und mit den Füßen treten ... Im Namen Christi wende ich mich an die Verantwortlichen: Kehrt um! Eines Tages wird Euch das Jüngste Gericht Gottes einholen!"

Die *Cosa Nostra* schien die Worte des Pontifex als Kriegserklärung verstanden zu haben. In der Nacht vom 27. auf den 28. Juli 1993 explodierte zwei Minuten nach Mitternacht bei San Giorgio in Velabro ein gewaltiger Sprengsatz und fügte dem altehrwürdigen Gotteshaus erheblichen Schaden zu. Die italienische Jesuitenzeitschrift *La Civiltà Cattolica* sprach von „einer Bombe für den Papst - *una bomba per il Papa*"; für sie waren die Anschläge „mit Sicherheit eine Reaktion auf den Mut des Papstes", sich gegen die Verbrechen der Cosa Nostra zu wenden.

Drei Jahre dauerte es, die Schäden, die eine hundert Kilogramm schwere Autobombe dem Portikus und der Fassade von San Giorgio in Velabro zugefügt hatten, zu beseitigen. Johannes Paul II. hatte sich gegen eine allzu perfekte Renovierung der Basilika ausgesprochen. „Verletzungen im Kampf gegen das Böse braucht man nicht zu verstecken", soll der Papst gesagt haben.

Er erfüllte getreu seine Pflicht

Santa Maria della Pietá

Es gibt wohl kaum jemanden, der sie nicht kennt: Die Männer der Päpstlichen Schweizergarde, die in mittelalterlicher Tracht und mit Hellebarden bewaffnet die Eingänge zum kleinsten Staat der Erde, zur Vatikanstadt, bewachen. Seit über fünfhundert Jahren stehen sie in den Diensten der Päpste. 1506 ließ Julius II. (Giuliano della Rovere, 1503-1513) hundertfünfzig Landsknechte aus der Schweiz nach Rom kommen - als seine persönliche Leibwache.

Der damalige Pontifex Maximus wusste, dass der Schutz seines Lebens bei den fremden Söldnern besser aufgehoben war als bei Soldaten, die sich den rivalisierenden römischen Adelsgeschlechtern verpflichtet fühlten. „Ich schwöre, treu, redlich und ehrenhaft zu dienen dem regierenden Papst und seinen rechtmäßigen Nachfolgern und mich mit ganzer Kraft für sie einzusetzen, bereit, wenn es erheischt sein sollte, selbst mein Leben für sie hinzugeben", geloben noch heute die helvetischen Leibwächter, wenn sie auf das Oberhaupt der Kirche vereidigt werden.

Im Vatikan, nur wenige Schritte von Sankt Peter gelegen, dient der *Campo Santo Teutonico* den Deutschen und Flamen in der Ewigen Stadt als Friedhof. Neben dem Gräberfeld befindet sich Santa Maria della Pietà, die Kirche zur schmerzhaften Muttergottes. Das Gotteshaus, das sich den Schweizer Landsknechten bei ihrer Ankunft in Rom im Januar des Jahres 1506 zeigte, war erst wenige Jahre zuvor errichtet worden. Es steht an der Stelle, wo schon im 8. Jahrhundert in einer Kirche bei der *schola francorum* das Messopfer dargebracht wurde. Eine der vornehmsten Aufgaben der Frankenschola war es, sich um die Beisetzung in Rom verstorbener Pilger aus dem Frankenreich zu kümmern. In der Mitte des 15. Jahrhunderts übernahm eine „Armen-Seelen-Bruderschaft" diese fromme Verpflichtung.

Bereits wenige Jahre nach der Gründung der Schweizergarde verhandelt deren Hauptmann mit der Bruderschaft des Campo Santo Teutonico, um zu erreichen, dass die Leibwache des Papstes in deren Kirche eine Kapelle erhält und ihr das Begräbnisrecht auf dem nahen Friedhof ermöglicht wird. Doch bevor der Kommandant seine Unterschrift unter den ausgehandelten Vertrag setzen kann, stirbt er. Sein Nachfolger einigt sich am 16. Mai 1520 mit der Bruderschaft. Zur Verpflichtung der Garde gehört es, für die Ausstattung und Ausmalung der Kapelle Sorge zu tragen. 1522 ergeht an Polidoro da Caravaggio, einen Schüler Raffaels, der Auftrag, ein Fresko mit der Kreuzigung Christi zu schaffen. Auftraggeber des Werkes ist Hauptmann Kaspar Röist, den der Maler als römischen Offizier unter dem Kreuz des Herrn darstellt.

Die große Bewährungsprobe für die Garde kommt schon fünf Jahre später. Am 6. Mai 1527 bricht die spanisch-deutsche Soldateska Kaiser Karls V. in die Ewige

Stadt ein und zieht plündernd und mordend zum Vatikan. Die Mauern bei den Toren Cavalleggeri und Fornaci sind nur wenig befestigt. Unmittelbar hinter dem Campo Santo ersteigt Karl von Bourbon, der Anführer der kaiserlichen Truppen, als Erster die Mauern. Auf deren Zinne angekommen, wird er von einer Kugel niedergestreckt. Die Wut über den Tod ihres Heerführers lässt die Angreifer die Mauern schon bald einnehmen. Hauptmann Röist kämpft mit einer Abteilung der Garde an der Porta delle Fornaci. Dann trifft ihn der Hieb eines Schwertes mit voller Wucht am Kopf und verletzt ihn schwer. Gardisten tragen ihn zu seiner Wohnung. Landsknechte folgen ihnen und dringen mit Gewalt in das Quartier der Garde ein. Dort erschlagen sie den Kommandanten vor den Augen seiner Frau.

Die an den Mauern und beim Campo Santo kämpfenden Gardisten werden bis zum Obelisken des Vatikans zurückgedrängt, der damals noch an seiner ursprünglichen Stelle vor dem Friedhof der Deutschen stand. Über den Petersplatz eilen ihnen weitere Kameraden zur Hilfe. Der Kampf wird zunehmend härter, die Übermacht der Gegner größer. Immer mehr fallen tot zu Boden. Zuletzt flüchten sie in die Basilika, wo sie vor dem Hauptaltar, an der Confessio des heiligen Petrus, brutal erschlagen werden. Hundertsiebenundvierzig Gardisten geben in treuer Pflichterfüllung ihr Leben für Papst und Kirche. Zweiundvierzig Hellebardiere entkommen dem Gemetzel. Sie stellen die unmittelbare Leibwache Papst Klemens' VII. (Giulio de' Medici, 1523-1534) und flüchten mit ihm über den Passetto in die Engelsburg.

In die Geschichte wird dieses furchtbare Ereignis als *Sacco di Roma* eingehen. Das Geschehen wird aber auch den 6. Mai als Ehrentag der Päpstlichen Schweizergarde begründen - alljährlich findet an diesem Tag die feierliche Vereidigung neuer Rekruten des Korps statt. Das Fresko des Polidoro da Caravaggio in der Seitenkapelle von Santa Maria di Pieta hat das Sich-unter-das-Kreuz-Stellen des Gardehauptmanns Kaspar Röist, seine unverbrüchliche Treue zur Kirche vorweggenommen. Sein Leichnam wird zu Füßen des Bildes beigesetzt. Die toten Leiber der Gardisten finden ihre letzte irdische Ruhe auf dem Campo Santo Teutonico.

Wo die Polizisten die Türschwelle küssten

Santa Maria in Vallicella

In den Päpstlichen Staaten vergangener Zeiten galt das „Kirchenasyl". Vor allem in Rom. Es war ein verbrieftes und geachtetes Recht, dass jedoch die alltägliche Arbeit der Sbirren, der gefürchteten Polizeisoldaten des Papstes, erschwerte. Verdächtige und entflohene Straftäter, die in einem Gotteshaus, an geweihter Stätte, ihre Zuflucht suchten, durften sie nicht ohne weiteres dorthin verfolgen und in Haft nehmen. Das Verständnis von einer „polizeifreien" Kirche war bei der Bevölkerung tief verwurzelt. So bereits unter den Kindern und Jugendlichen, die auf den Straßen der Ewigen Stadt ihren Spielen nachgingen.

Johann Wolfgang von Goethe gibt in seiner „Italienischen Reise" einen kurzen Blick darauf: „So spielt der Römer, dem die Mordgeschichten immer vor der Seele schweben, gern bei jedem Anlass mit den Ideen von Ammazzieren. Sogar die Kinder haben ein Spiel, das sie ‚Chiesa' nennen, welches mit unserm ‚Frischauf in allen Ecken' übereinkommt, eigentlich aber einen Mörder vorstellt, der sich auf die Stufe einer Kirche geflüchtet hat; die übrigen stellen die Sbirren vor und suchen ihn auf allerlei Weise zu fangen, ohne jedoch den Schutzort betreten zu dürfen. So geht es denn in den Seitenstraßen, besonders der Strada Babuino und auf dem Spanischen Platze, ganz lustig zu."

Als ganz und gar nicht lustig empfanden die Polizeisoldaten einen Vorfall, der in einer Chronik des Jahres 1694 vermerkt ist: „Den 14. Februar begab es sich, dass der Lieutnant der Sbirren zu Rom einem Handwerksmanne mit dem Stock einen Schlag gab, welchen dieser so übel empfand, dass er bald hernach jenen mit einem Carabiner erschoß, und sich darauf in die neue Kirche der Patres des Oratoriums von St. Philippo Nerei retirirte, dem aber die Sbirren bis in die innerste Kapelle folgten, und von dar nach dem Gefängnisse brachten; als aber der Papst von dem, was vorgegangen, Nachricht erhielt, befahl er, der Kirche ihre öffentliche violierte Immunität zu erstatten, und den Gefangenen wieder in selbige zu liefern, welches auch erfolgte. Die Sbirren aber mussten die Thürschwelle der Kirche küssen, und wurden einige Tage in das Gefängnis geworfen."

Die „neue Kirche der Patres des Oratoriums von St. Philippo Nerei" ist in Rom als *Chiesa Nuova* bekannt; ihr korrekter Name lautet: Santa Maria in Vallicella. Sie geht auf eine Gründung des heiligen Philipp Neri (1515-1595) zurück. Nachdem der Papst der Weltpriestergemeinschaft des neuzeitlichen Apostels von Rom die kirchliche Anerkennung erteilt hatte, entstand das Gotteshaus als großzügig angelegter, lichtvoller Bau, ausgestattet mit kostbarem Marmor, spielerischem Stuck und Blattgold. Drei berühmte Frühwerke von Peter Paul Rubens - Darstellungen der Gottesmutter und frühchristlicher Märtyrer - fanden hier ihre Heimat. Für Philipp Neri wurde die Kirche zum Ort seiner letzten irdischen Ruhestätte.

Pippo buono, der „gute Philipp", ist einer der Lieblingsheiligen der Römer. Von tiefer Frömmigkeit erfüllt und einem innigen Gebetsleben getrieben, stets heiteren Gemütes, mit viel Humor ausgestattet und von übergroßer Menschenfreundlichkeit durchdrungen, gewann er die Herzen und Seelen derer, die ihm begegneten. Die Ewige Stadt wurde durch ihn verwandelt. 1622 nahm Gregor X. (Alessandro Ludovisi, 1621-1623) die Heiligsprechung des Apostels von Rom vor - zusammen mit der von Ignatius von Loyola, Franz Xaver, Teresa von Ávila und Isidor von Madrid - , worauf die Römer spotteten, der Papst habe vier Spanier und einen Heiligen zur Ehre der Altäre erhoben.

Wer im Archivio di Stato, in den Unterlagen des italienischen Staates, die Aufzeichnungen der Bargelli, der Hauptleute der Sbirren, konsultiert, erfährt, dass die Chiesa Nuova schon in den ersten Jahren ihrer Gründung von zahlreichen Verbrechern als Zufluchtsort aufgesucht wurde. Philipp Neri soll bisweilen an der Kirchentür gestanden und so manche Verfolgung zweifelhafter Gestalten durch die Polizeisoldaten des Papstes beobachtet haben - mit einem Lächeln. Er empfing die „Besucher" mit großer Liebenswürdigkeit, ließ ihnen Essen zukommen und wies jedem ein Nachtlager zu. Doch der Aufenthalt in der Kirche wurde für Diebe, Mörder und unschuldig Verfolgte kein Freibrief. Sie mussten sich einer freundlichen, aber hartnäckigen Katechese durch den Heiligen unterziehen.

Santa Maria in Vallicella - Chiesa Nuova - blieb auch in späteren Jahren ein heikler Ort für die Sbirren. In einem Schreiben an den Monsignor Governatore di Roma, den für die Verwaltung der Stadt zuständigen Prälaten, klagte der Bargello, dem der Schutz der Straßen rund um die Chiesa Nuova anvertraut war: „Ich muss Euer Exzellenz erneut berichten, dass die hochwürdigen Herren des Oratoriums gegenüber den bedauernswerten Vorfällen die Haltung einer Gelassenheit und Heiterkeit einnehmen, die ihrem verehrungswürdigen heiligen Gründer zugeschrieben wird."

Barmherzigkeit für zwei Verfemte

Santa Maria in Monserrato

Im Jahre 1354 hatte die katalanische Adelige Jakoba Ferrandes ein Haus im römischen Stadtviertel Regola erworben und in ein Hospital und Hospiz für ihre Landsleute umwandeln lassen. Die Gottesdienste fanden in der beim Hospiz gelegenen Kirche San Niccolò statt

Unter dem Titel der Muttergottes von Monserrato hatte Papst Alexander VI. im Jahre 1495 dort eine Bruderschaft der Katalanen und Aragonesen feierlich errichtet - „zum ewigen Heil der unsterblichen Seelen", wie es in dem päpstlichen Schreiben hieß. Der Papst übertrug der Bruderschaft auch die Sorge für die Kirche. 1518 wurde entschieden, San Niccolo abzureißen und eine neue Kirche zu erbauen: Santa Maria in Monserrato degli Spagnoli. Sie entstand nach Entwürfen von Antonio da Sangallo dem Jüngeren. Berühmte Künstler wurden zur Gestaltung des Gotteshaus herangezogen, so Francesco da Volterra, der für die Fassade verantwortlich zeichnete. Die Arbeiten an der Kirche zogen sich über mehr als hundertfünfzig Jahre hin. Erst zum Heiligen Jahr 1675 war die Kirche fertiggestellt.

1458 war an der Piazza Navona auf Initiative eines Domherrn aus Sevilla hin die Kirche San Giacomo degli Spagnoli als spanische Nationalkirche errichtet worden.

Sie erfreute sich der Förderung vieler bedeutender Adeliger, Gelehrter und kirchlicher Würdenträger der iberischen Halbinsel. Beim *Sacco di Roma,* der Heimsuchung der Ewigen Stadt durch eine Soldateska Kaiser Karls V. (1527), wurde die Kirche geplündert und verwüstet. Dieses furchtbare Ereignis leitete den allmählichen Verfall des Gotteshauses ein. Und so trat 1807 Santa Maria in Monserrato die Nachfolge von San Giacomo als Nationalkirche der Spanier in Rom an.

In der Kirche im Stadtviertel Regola befindet sich das gemeinsame Grabmal von Kalixt III. (Alonso de Borja, 1455-1458) und Alexander VI. (Rodrigo de Borja, 1492-1503). Die beiden Päpste, Onkel und Neffe, hatten ursprünglich in dem Kirchlein Santa Maria delle Febbre bei Alt Sankt Peter ihre irdische Ruhestätte gefunden. Der Neubau der vatikanischen Basilika bewirkte den Abriss der kleinen Kirche, und so wurden die sterblichen Überreste der beiden spanischen Päpste 1610 nach Santa Maria in Monserrato überführt.

Lange galt es als verpönt, der beiden Toten zu gedenken. Eine angemessene Ruhestätte wurde ihnen verwehrt. Kurd von Schlözer, der preußische Gesandte am Heiligen Stuhl, fand 1864 ihre sterblichen Überreste in einer Kiste auf einem Regal in der Bibliothek des Gotteshauses. Die Gebeine fanden dann wieder einen Platz in der Kirche. 1889 wurde den beiden Nachfolgern Petri mit der ausdrücklichen Zustimmung des damaligen Papstes vom spanischen Bildhauer Felipe Moratilla ein Grabmal in Santa Mariain Monserrato errichtet.

Ausgerechnet ein strenger Bußprediger, der heilige

Vinzenz Ferrer, hatte einst dem jungen Geistlichen und Rechtsgelehrten Alonso de Borja auf dem Marktplatz von Valencia die Wahl zum Oberhaupt der Christenheit vorhergesagt. Kalixt III. konnte herausragende Fähigkeiten und einen tugendhaften Lebenswandel vorweisen, er zeichnete sich durch Bescheidenheit und Frömmigkeit aus. Auf ihn geht die Einführung des mittäglichen Angelus-Gebetes zurück. Bei allem Guten, dass man über den ersten Papst aus dem Geschlecht der Borgia zu berichten weiß, einen Fehler muss man ihm anlasten: er förderte zu sehr seine Familie - und verfiel daher dem Nepotismus, der Vetternwirtschaft.

Sein Neffe, Papst Alexander VI., war ein Kind seiner Zeit gewesen. Seine sittlichen Verfehlungen sind nicht schönzureden. Doch das Monstrum, das eine von seinen Feinden beeinflusste Geschichtsschreibung aus ihm machte, war er nicht. Alexander VI. war stets aufrichtig bemüht gewesen, seine religiösen Pflichten auf das Beste zu erfüllen. Der Maler Pinturicchio bildete ihn im Apostolischen Palast mit gefalteten Händen zu Füßen des Auferstandenen ab - keine Pose, sondern Darstellung der Realität. Der Papst legte Wert auf religiöse Übungen und eine würdige Liturgie. Ihm ist es zu verdanken, dass im Jahre 1500 in den vier Erzbasiliken Roms „Heilige Pforten" errichtet wurden. Gemeinsam mit seinem Zeremonienmeister Johannes Burchard schuf er die Zeremonien, die noch heute den Verlauf eines „Heiligen Jahres" bestimmen.

Als man Papst Leo XIII. fragte, warum er die Erlaubnis für das Grabmal der Borgia-Päpste in Santa Maria in

Monserrato erteilt habe, antwortete er: „Wir wollten Unseren Vorgängern Gerechtigkeit und Barmherzigkeit angedeihen lassen."

Vom Dämonenloch zum Haus Gottes

Santa Maria del Popolo

Im Jahre 2009 kam Ron Howards reißerischer Vatikanthriller *Angels & Demons* in die Kinos; in den deutschsprachigen Ländern wurde der Spielfilm unter dem Titel *Illuminati* auf die Leinwand gebracht. Allein in Deutschland konnte er mehr als 4,5 Millionen Besucher in die Kinos locken.

In dem Hollywoodspektakel, dem das gleichnamige, millionenfach verkaufte Buch von Dan Brown zugrunde liegt, wird der Vatikan von einer Verschwörung bedroht, hinter der die Illuminaten vermutet werden. Nach dem Tod des Papstes scheint der legendäre Geheimbund durch die Entführung von vier Kardinälen nicht nur um eine Einflussnahme auf das Konklave bemüht zu sein. Eine noch weitaus größere Bedrohung wird offenkundig. Das Grab und die Basilika des heiligen Petrus, ja die ganze Vatikanstadt sind der Gefahr der Zerstörung ausgesetzt. Der amerikanische Nachrichtensender CNN sprach vom „ultimativen Vatikan-Thriller".

Eine Episode des Films ist in der Basilika Santa Maria di Popolo am Fuße des Pincio angesiedelt. Hier suchen Dan Browns Protagonisten in der Chigi-Kapelle des Gotteshauses nach dem *„Demon's Hole"*, dem Dämonenloch. In der Grablege des Adelsgeschlechts finden sie einen der entführten Papstwähler, brutal gefoltert und zu Tode gekommen. Das Wappen der Familie Chigi und in der Kapelle angebrachte Symbole werden leichtfertig und ohne Kenntnis ihres zutiefst christlichen Inhalts als heidnische Zeichen und Hinweise auf die Illuminaten gedeutet. Wenn Dan Brown und Ron Howard die Kirche zu einer Stätte dunkler Mächte machen, so greifen sie geschickt auf die Legenden vergangener Zeiten zurück.

Nach einer alten Überlieferung soll dort, wo sich heute Santa Maria del Popolo erhebt, das Grab Neros befunden haben. Den Römern galt dieser Ort als verflucht, von der Seele des Kaisers und unzähligen Dämonen bewohnt. Er wurde vom Volk ängstlich gemieden. Selbst Soldaten und diejenigen, die für die Aufrechterhaltung der Ordnung in der Ewigen Stadt verantwortlich zeichneten, schlugen einen großen Bogen um ihn. Selbstmörder und Todsünder, die ohne Absolution gestorben waren, wurden dort ohne ein Kreuz oder christliches Zeichen beigesetzt.

Im Mittelalter, zu Zeiten Papst Paschalis' II. (1099-1118), nahmen die Berichte von Spukerscheinungen und dämonischen Umtrieben überhand. Der Pontifex sah sich gezwungen zu handeln. Er rief ein dreitägiges Fasten aus und zog sich selber zum Gebet in die Einsamkeit zurück. In einer Vision erschien ihm die Muttergottes, die ihn aufforderte, den Nußbaum zu fällen, der das Grab Neros kennzeichnete. In einer feierlichen Prozession, die Allerheiligenlitanei singend, zog man zu der von der Muttergottes benannten Stelle. Der Papst führte dann den ersten Axthieb. Als der Baum gefällt war, grub man dessen Wurzeln und ebenso die dort vermuteten kaiserlichen Gebeine aus, sprach über sie die Gebete des Exorzismus, verbrannte sie und übergab die Asche dem Tiber.

Der Papst ließ an der Stelle, wo der Baum gestanden hatte, eine Kapelle errichten. Sie wurde, nachdem eine Pestepidemie im Jahre 1231 die Stadt heimgesucht hatte, von Papst Gregor IX. (Ugolino di Segni, 1227-1241) durch eine Kirche ersetzt. Der Hochaltar fand seine Stelle über dem mutmaßlichen Grab des heidnischen Kaisers und Christenverfolgers. Die Seelsorge in ihr und das angrenzende Kloster übertrug man 1250 dem Orden der Augustinereremiten. Als das Gotteshaus an der antiken Porta Flaminia gegen Ende des 15. Jahrhunderts zerfiel, ordnete Papst Sixtus IV. (Francesco della Rovere, 1471-1484) einen großzügigen Neubau an.

Um das Jahr 1235 hatte die Kirche ein Marienbild erhalten, das noch heute über dem Hochaltar zu sehen ist; es entstammt der Tradition der Bilder, die dem heiligen Lukas zugeschrieben werden und wurde aus der Cappella Sancta Sanctorum des Laterans nach Santa Maria del Popolo gebracht. Zwei hochberühmte Reliquien legten hier einen Zwischenaufenthalt ein, bevor sie nach Sankt Peter übertragen wurden - das 1462 vor den Türken gerettete Haupt des Apostels Andreas und 1492 die Heilige Lanze, ein Geschenk des Sultans Bajazet II. an den Papst. 1506 zogen die ersten päpstlichen Schweizergardisten an der Basilika vorbei zum Vatikan, fünf Jahre später wohnte Martin Luther während seines Romaufenthaltes in dem der Kirche angeschlossenen Kloster.

Santa Maria di Popolo dient dem Gebet und dem Gottesdienst. Doch ein wenig ist das Gedenken an den Ort geblieben, der den Bewohnern seiner Stadt durch eine lange Zeit hindurch Unbehagen bereitete. Der römische Volksdichter Belli fragte sich in einem seiner Gedichte, ob jene, die an der Kirche vorbei gingen und sich bekreuzigten, dies aus Ehrfurcht oder Furcht täten. Der Papst der damaligen Zeit - Pius IX. (Giovanni Maria Mastai Ferretti, 1846-1878) ließ ihm antworten, die Erinnerung fördere den Glauben und schade ihm niemals.

San Pietro in Vaticano

V-00120 CITTÀ DEL VATICANO

San Paolo fuori le Mura

Via Ostiense, 184

00146 ROMA

www.basilicasanpaolo.org

Santa Maria Maggiore

Via Liberiana, 27

00185 ROMA

San Pietro in Carcere

Via Clivo Argentario, 1

00186 ROMA

San Pietro in Vincoli

Piazza di San Pietro in Vincoli, 4/a

00184 ROMA

San Paolo alla Regola

Via di San Paolo alla Regola, 6

00186 ROMA

San Pietro alle Tre Fontane

Via di Acque Salvie, 1

00142 Roma

www.abbaziatrefontane.it

Kolosseum

Piazza del Colosseo, 1

00184 ROMA

Katakomben des hl. Sebastian

Via Appia Antica, 136

00179 ROMA

www.catacombe.org

Forum Romanum

Piazza Santa Maria Nova, 53 / Largo Salaria Vecchia

00186 ROMA

Santa Maria in Aracoeli

Scala dell'Arcicapitolina, 12

00186 ROMA

Santa Maria in Via

Via del Mortaro, 24

00187 ROMA

www.santamariainvia.it

Santa Maria Immacolata dei Cappuccini

Via Vittorio Veneto, 27

00187 ROMA

www.cappucciniviaveneto.it

Santi Vincenzo e Anastasio

Vicolo dei Modelli, 73

00187 ROMA

Santo Spirito in Sassia

Piazza della Rovere / Borgo Spirito

00165 ROMA

San Bartolomeo all'Isola

Piazza San Bartolomeo all'Isola, 22

00186 ROMA

www.sanbartolomeo.org

San Giovanni Battista Decollato

Via di San Giovanni Battista Decollato, 22

00186 ROMA

San Giorgio in Velabro

Via del Velabro, 19

00186 ROMA

www.sangiorgioinvelabro.org

Santa Maria della Pietà

Campo Santo Teutonico

Via della Sagrestia, 17

V-00120 CITTÀ DEL VATICANO

Santa Maria in Vallicella

Via del Vecchio Governo, 134

00186 ROMA

www.vallicella.org

Santa Maria in Monserrato

Via Monserrato / Via Giulia, 151

00186 ROMA

Santa Maria del Popolo

Piazza del Popolo 12

00187 ROMA

www.santamariadelpopolo.it

Mit Ulrich Nersinger durch das Ewige Rom

Tatort Konklave

Hinter verschlossenen Türen und unter strengster Geheimhaltung vollzieht sich in der katholischen Kirche die Wahl eines neuen Papstes. Ulrich Nersinger, bestens vertraut mit der Geschichte des Vatikans und seiner Sicherheitsbehörden, gewährt einen Blick auf die weniger frommen Vorgänge rund um die Papstwahl in Geschichte und Gegenwart: auf Intrigen, Verrat, Bestechung und ungeklärte Todesfälle, aber auch auf die seltsam verschlungenen Wege des Heiligen Geistes.

Gebunden, 160 Seiten, ISNBN 978-3-930883-60-8

Dunkle Wolken über Rom

Pius XII. und die Ewige Stadt 1943 - 1944

Als Italien 1943 kapituliert und die deutsche Wehrmacht Rom besetzt, beginnt eine der dunkelsten Zeiten in der Geschichte der Ewigen Stadt. Luftangriffe, Versorgungsengpässe und politische Verfolgung prägen das tägliche Leben der Römer. Nur eine Institution bietet Hoffnung und Hilfe: der Heilige Stuhl. Auf Befehl Papst Pius' XII. werden die vatikanischen Besitzungen und kirchliche Häuser zu Zufluchtsstätten für Verfolgte: für jüdische Mitbürger, Gegner des Regimes und Widerstandskämpfer.

Hörbuch, 1 CD, ISNBN 978-3-930883-45-5

Die Arche Petri

Von großen und kleinen Tieren im Vatikan

Ob Elefanten, Krokodile und Pferde oder Schlangen, Läuse und Rüsselkäfer - Ulrich Nersinger erzählt aus dem schier unerschöpflichen Fundus seiner intimen Kenntnisse des Papsttums und seiner Geschichte Historien und Histörchen über große und kleine Tiere im Vatikan:

Ein Dickhäuter macht Furore
Audienz für einen Schimmel
Auf den Hund gekommen
Präventivschlag gegen Rüsselkäfer
Gardesalut für Lämmer
Ein Löwe im Vatikan
Päpstliche Kühe gegen radioaktiven Fallout...

Broschiert, 128 Seiten, ISBN 978-3-930883-70-7

Sankt Peter in Rom

Ein Audio-Guide durch die berühmteste Kirche der Christenheit

mp3-CD, 115 Min. Spielzeit, ISBN 978-3-930883-46-2

Heiteres vom Hof des Papstes

Anekdoten aus fünf Jahrhunderten, verbunden mit kulturgeschichtlichen Erläuterungen des Autors, gewähren dem Hörer einen lebendigen und amüsanten Einblick in das Leben der Päpste.

1 Audio-CD, 60 Min. Spielzeit, ISBN 978-3-930883-44-8